Christina M. Stahl

Sternstunden Musik

Besondere Ideen und Materialien
zu den Kernthemen der Klassen
5 / 6

Auer

Die Internetadressen, die in diesem Werk angegeben sind, wurden vom Verlag sorgfältig geprüft (Redaktionsschluss November 2016). Da wir auf die externen Seiten weder inhaltliche noch gestalterische Einflussmöglichkeiten haben, können wir nicht garantieren, dass die Inhalte zu einem späteren Zeitpunkt noch dieselben sind wie zum Zeitpunkt der Drucklegung. Der Auer Verlag übernimmt deshalb keine Gewähr für die Aktualität und den Inhalt dieser Internetseiten oder solcher, die mit ihnen verlinkt sind, und schließt jegliche Haftung aus.

Hinweisen an info@auer-verlag.de auf veränderte Inhalte verlinkter Seiten werden wir selbstverständlich nachgehen.

Gedruckt auf umweltbewusst gefertigtem, chlorfrei gebleichtem
und alterungsbeständigem Papier.

2. Auflage 2017
Nach den seit 2006 amtlich gültigen Regelungen der Rechtschreibung
© Auer Verlag
AAP Lehrerfachverlage GmbH, Augsburg
Alle Rechte vorbehalten
Das Werk und seine Teile sind urheberrechtlich geschützt. Jede Nutzung in anderen als den gesetzlich zugelassenen Fällen bedarf der vorherigen schriftlichen Einwilligung des Verlages.
Hinweis zu § 52 a UrhG: Weder das Werk noch seine Teile dürfen ohne eine solche Einwilligung eingescannt und in ein Netzwerk eingestellt werden. Dies gilt auch für Intranets von Schulen und sonstigen Bildungseinrichtungen.
Illustrationen: Steffen Jähde
CD-Pressung: optimal media production GmbH, Röbel/Müritz
Satz: Fotosatz Herbert Buck, Kumhausen
Notensatz: Johannes Pieper; Fotosatz Herbert Buck, Kumhausen
Druck und Bindung: Kessler Druck + Medien GmbH, Bobingen
ISBN 978-3-403-07577-6

www.auer-verlag.de

Inhaltsverzeichnis

Vorwort 4

1. Produktion: Musik realisieren und entwerfen
1.1 Der Wächter in der Nacht – ein Lied dynamisch gestalten 5
1.2 Chaos an der Straßenkreuzung – mit Glockenspiel und Orff-Instrumentarium musizieren 9
1.3 „So bist du der Kolumbus dann?" – ein Lied szenisch darstellen 22
1.4 Der Zug der Trolle – Musik choreografisch umsetzen 24
1.5 Nachts im Supermarkt – Notenwerte und Pausen üben (Doppelstunde) 31
1.6 Mit der Bahn unterwegs – die eigene Stimme entdecken 34

2. Reflexion: Musik erläutern und beurteilen
2.1 Die Geschichte von den Tieren und dem Apfelbaum – Motive erfinden 39
2.2 Form in der Musik – die Ritornellform erkennen 42
2.3 Musikalische Zoologie – „La Poule" von Jean-Philippe Rameau 45
2.4 „Geschwind auf die Seite und versteckt!" – szenische Interpretation zu einer Szene aus „Die Entführung aus dem Serail" von Wolfgang Amadeus Mozart 48

3. Rezeption: Musik beschreiben, analysieren und deuten
3.1 Eine musikalische Weltreise – die Musikkultur eines anderen Landes entdecken (Doppelstunde) . 51
3.2 Gewitter in der Musik – „Tempête" von Marin Marais 60
3.3 Ein Marsch für den König – Krönungsmusik von Georg Friedrich Händel 63
3.4 Musik klebt im Ohr – Musik auf ihren „Ohrwurmfaktor" untersuchen 68

4. Musikalische Grundlagen: Theorie-Übungen (passend zu 1. Produktion)
4.1 Dynamik 71
4.2 Rhythmik (Doppelstunde) 73
4.3 Der Bassschlüssel 82

5. Musik und Medien
5.1 Hallo Beethoven! – einen Komponisten digital entdecken 85
5.2 Ein Lied für unsere Klasse – der Umgang mit einem freien Notensatzprogramm 88
5.3 Instrumentenkunde – ein Orchester digital erforschen 90

Bild- und Textquellenverzeichnis 92

Quellenverzeichnis Audio-CD 93

Trackliste Audio-CD 94

Vorwort

Gerade frisch im Schuldienst, bestellte ich antiquarisch Unterrichtsmaterialien. Der Sendung beigelegt war damals eine Karte mit vielen Grüßen und der Aufschrift:

Ich will brennen!
Lehren heißt nicht, ein Fass zu füllen, sondern eine Flamme zu entzünden.
Heraklit

Diesen Satz habe ich damals als Maxime für mein pädagogisches Handeln gewählt. Musik gehört nicht gerade zu den einfachsten Fächern, die in der Schule unterrichtet werden. Zu sehr variieren die Vorstellungen über guten Musikunterricht zwischen Lehrenden und Lernenden. Meine Erfahrung ist, dass beispielsweise Schüler[1] der 5. und 6. Klasse Beethoven erst einmal „cool" finden, mit der Zeit jedoch verliert sich diese Einstellung. Woran liegt das? Allein an der Verschiebung von Interessen durch Peergroups und an der Pubertät? Oder sind die Gründe eher in einem eindimensionalen Musikunterricht zu suchen, in dem die Lust auf Klassik systematisch abgewöhnt wird?

Natürlich besteht Musikunterricht aus mehr als der Rezeption von Mozart, Beethoven und Co. Und vor allem aus mehr als der Beschäftigung mit musiktheoretischen Zusammenhängen, gerade im Hinblick auf die *Kompetenzorientierung* – weg vom Kennen hin zum Können. Auf diesen Überlegungen basieren die vorliegenden Sternstunden: Sie sollen helfen, Flammen zu entzünden, damit der fachkundige Umgang mit Beethoven & Co. „cool" bleibt.

Dabei variieren in den Sternstunden sowohl Mikro- als auch Makromethodik im größeren und kleineren Rahmen (z. B. Planspiel, Standbilder, Stationenlernen, Gruppenpuzzle, kooperatives Lernen, Mindmapping, Klassenmusizieren, Klangreisen). Der Schwerpunkt dieses Bandes liegt auf der Produktion. Die Sternstunden setzen dabei eine (heute) wohl normale Medienausstattung voraus: Orff-Instrumentarium, Glockenspiele, Klavier, CD-Player, Fernseher und MP3-Player (für die Gruppenarbeiten).

Ein Kapitel des Bandes ist dem Thema „Musik und Medien" gewidmet. Oft habe ich von Musiklehrern gehört, man solle doch die Medienerziehung den Kollegen in den Hauptfächern überlassen, diese hätten mehr Zeit. Mit diesem Ansatz vergibt man sich jedoch Chancen für den Musikunterricht, die durch den Umgang mit dem Computer bzw. das Internet gegeben werden. Daher möchte ich für den Einsatz von PC und Internet im Musikunterricht werben, auch bereits in der 5. Klasse. Zu den musikspezifischen Programmen, die relativ problemlos an Schulen installiert werden können, gehört das freie Notensatzprogramm www.musescore.org, das ich sehr empfehlen kann (vgl. Kapitel 5.2).

Die vorliegenden Sternstunden sind mehrfach in der Praxis getestet und verstehen sich auch als Anregung für eigene Ideen. Aufbereitet sind hier auch Werke jenseits der bekannten „Dauerbrenner" des musikpädagogischen Kanons.

Stefan Zweig beschrieb eine Sternstunde als eine „schicksalsträchtige Stunde". So weit würde ich mit diesen Sternstunden nicht gehen, aber für mich ist jede Stunde, die nachwirkt, jede Stunde, in der eine Flamme entzündet wird, eine Sternstunde.

Christina M. Stahl

Ein herzlicher Dank für ihre Hilfe gilt Michael Koball, Dana Bunse und Johannes Pieper.

---

[1] Aufgrund der besseren Lesbarkeit ist in diesem Buch mit Schüler auch Schülerin gemeint, ebenso verhält es sich mit Lehrer und Lehrerin etc.

1.1 Der Wächter in der Nacht – ein Lied dynamisch gestalten

Kompetenzen
Die Schüler gestalten anhand der Melodie und des Textes ein Lied dynamisch. Sie realisieren das Lied mit unterschiedlichen Ausdrucksvorstellungen und erkennen spezifische Wirkungsabsichten.

Voraussetzungen
- Die Schüler können zum Teil rhythmisch anspruchsvollere Sequenzen (Synkopen, Sechzehntel) singen.
- Die Schüler können dynamische Abstufungen wahrnehmen.
- Die Schüler kennen dynamische Zeichen (ggf. Vorbereitung durch Kapitel 4.1 Dynamik).

Material
- AB als Folie
- AB als Kopien
- Begleitinstrument
- ggf. zusätzliche Räume

Vorbereitungstipps
Nach der beispielhaften Erarbeitung des Refrains (vgl. Motivation) werden die Strophen in arbeitsteiliger Gruppenarbeit erarbeitet (vgl. Erarbeitung). Daher muss die Klasse in fünf Gruppen geteilt werden, die nach Möglichkeit in der Erarbeitungsphase in unterschiedlichen Räumen arbeiten.

Vorbereitende Hausaufgabe
(kann bei leistungsstarken Gruppen entfallen)
Die Schüler bearbeiten die vorbereitende Aufgabe (AB, Aufgabe 1). Hier legen die Schüler eine Grobplanung an, die es auch schwächeren Schülern ermöglicht, sich in den Gestaltungsprozess einzufinden.

Motivation
Die Schüler üben den Refrain gemeinsam im Klassenverband und überlegen sich eine dynamische Gestaltung des Refrains. Dabei wird deutlich, dass Wörter wie „Dunkeln" oder „Nacht" eine leise Vortragsweise (*p*) erfordern, wohingegen das Fauchen des Katers („chrusch") betont und plötzlich laut (*sf*) gesungen werden sollte.
Anschließend üben die Schüler die Melodie der Strophen zunächst auf nur einer Tonsilbe (z. B. „na") ein. Die Texthürde wird vermieden, um die Aufmerksamkeit der Schüler auf die rhythmische und melodische Struktur zu lenken. Das Lied sollte rhythmisch genau einstudiert werden (z. B. Synkopen in Takt 2, 6 und 11).

Erarbeitung
Die Schüler werden in fünf Gruppen eingeteilt. Die Gruppen bearbeiten Aufgabe 2 (AB) (Gruppe 1 = erste Strophe, Gruppe 2 = zweite Strophe usw.). Dabei diskutieren die Schüler die feinen Unterschiede zwischen dynamischen Abstufungen (*pp* oder *p*) und erproben diese anschließend singend in ihren Gruppen (AB, Aufgabe 3).

Sicherung
Die Gruppen präsentieren jeweils ihre Strophe mit dynamischer Gestaltung vor der Klasse. Das gemeinsame Singen des Refrains dient als Bindeglied.

Weiterführung
Die Schüler bearbeiten weitere Lieder, die dynamisch gestaltet werden können.

Der Wächter in der Nacht

Christina M. Stahl

Refrain
Drau-ßen im Dun-keln, wenn Ster-ne hell fun-keln, da ist in der Nacht ein Jä-ger, der wacht. Er stellt sei-ne Fal-le und wetzt sei-ne Kral-le, er liegt auf der Lau-er, ist hung-rig und sau-er: Der K-A-T-E-R chrusch!

Strophe 1
1. Dort in der E-cke ra-schelt lei-se noch ein Tier: Nicht viel lau-ter als 'ne Schne-cke kriecht ein Maul-wurf durch's Re-vier, kneift die Au-gen zu und tas-tet: Auch er hat lan-ge schon ge-fas-tet. Sieht er da den Ka-ter lie-gen, krab-belt los und beißt fest zu.

Strophe 2
2. "Au!", schreit er, "Au-a!", vol-ler Schmerz und tief em-pört: "Siehst du nicht, dass ich hier lau-er? Weißt du nicht, was sich ge-hört?" Auch der Maul-wurf ist er-schro-cken, er macht sich schleu-nigst auf die So-cken: Ei-nen Ka-ter zu ver-spei-sen wä-re mehr als er ver-trägt.

Strophe 3
3. Nach ei-ner Wei-le spitzt der Ka-ter wie-der's Ohr: Ne-ben ihm kommt oh-ne Ei-le un-term

Folie / AB (2)

(Notenzeile 30) Laub 'ne Krö-te vor. Hüpft dem Ka-ter auf den Rü-cken, bleibt un-be-

(Notenzeile 32) rührt von sei-nen Bli-cken: Den da braucht er nicht zu fürch-ten, denn ein Ka-ter ist kein Storch.

Strophe 4

(Notenzeile 35) 4. Wür-mer und Flie-gen sind ja auch kein Ka-ter-fraß. Und die Äp-fel, die dort lie-gen, lie-gen

(Notenzeile 38) nicht für ihn im Gras. Und die Tau-ben, die dort gur-ren, mag un-ser Ka-ter noch so schnur-ren, wird er

(Notenzeile 41) ja doch nie er-rei-chen. Hung-rig muss er heut' ins Bett.

Strophe 5

(Notenzeile 43) 5. Trollt sich von dan-nen und sein Ma-gen knurrt wie wild. Doch kaum

(Notenzeile 45) ist er fort-ge-gang-en kriecht ein Mäus-chen in das Bild. Wä-re frü-her sie ge-kom-men, hätt' der

(Notenzeile 48) Ka-ter sie ge-nom-men. A-ber da, wo er ge-lau-ert, hält das Mäus-lein nun die Wacht.

Nach jeder Strophe folgt der Refrain.

Aufgaben

1. Untersuche den Text auf dynamische Hinweise. Wo sollte man leise singen, wo vielleicht ganz laut? Markiere laute Passagen rot, leise Passagen grün, plötzliche Akzente blau.
2. Diskutiert die dynamische Gestaltung des Liedes und tragt die entsprechenden dynamischen Zeichen in eure Strophe ein: *ppp, pp, p, mp, mf, f, ff, fff, sf, cresc., decresc.*
3. Probiert eure dynamische Gestaltung aus und singt eure Strophe gemeinsam.

1. Produktion: Musik realisieren und entwerfen

Mögliche Lösung

Der Wächter in der Nacht

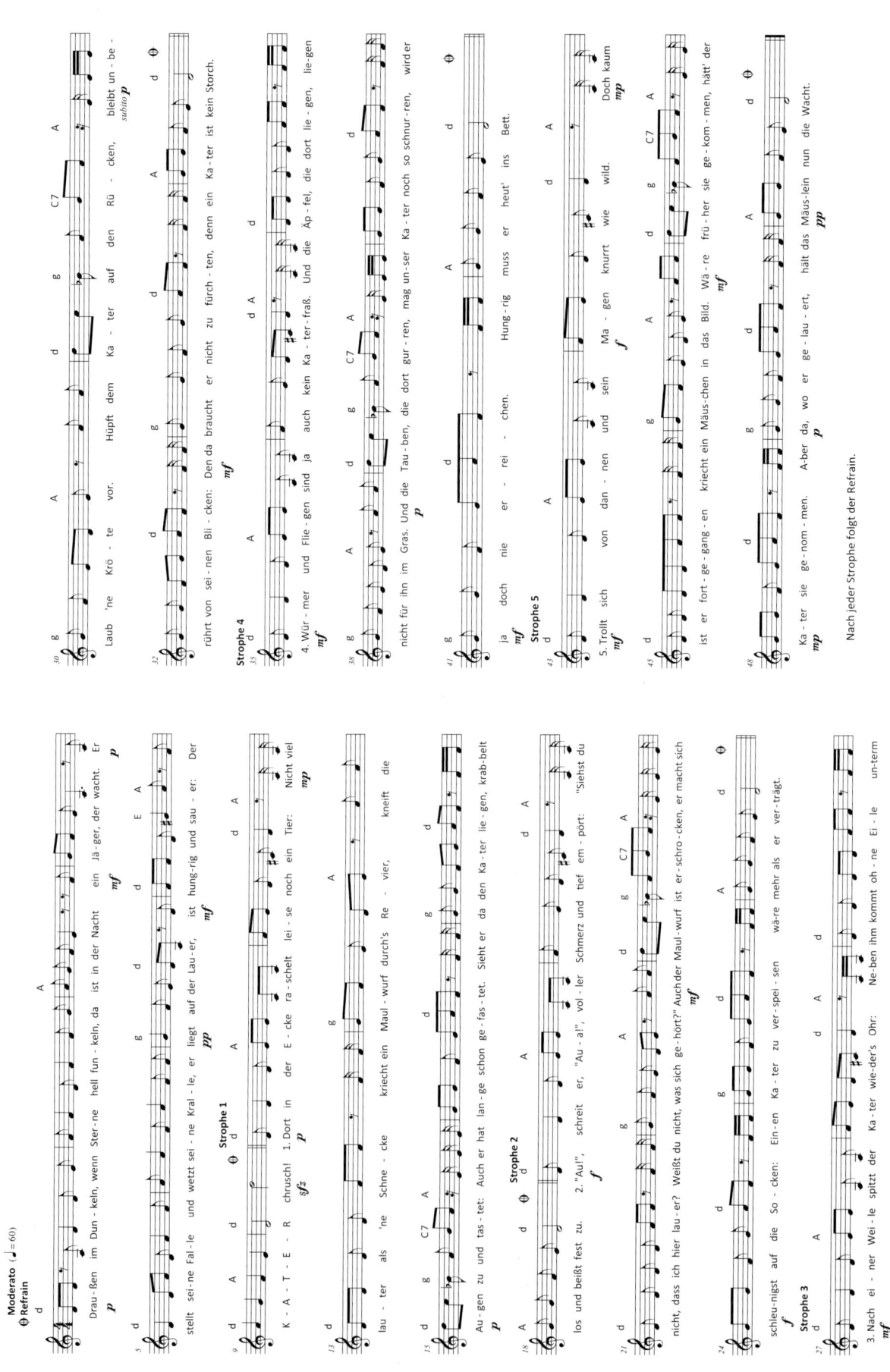

Christina M. Stahl

1. Produktion: Musik realisieren und entwerfen

1.2 Chaos an der Straßenkreuzung – mit Glockenspiel und Orff-Instrumentarium musizieren

Kompetenzen
Die Schüler realisieren eine rhythmische Klanggestaltung. Sie üben beim Klassenmusizieren den Umgang mit Glockenspiel und Orff-Instrumentarium und lernen, sich in einer Partitur zurechtzufinden.

Voraussetzungen
- Die Schüler kennen die Notenwerte.
- Die Schüler können aufeinander hören.
- Die Schüler können mit dem Instrumentarium sachgerecht umgehen.

Material
- Partitur als Folie
- Stimmenmaterial (AB 1) als Kopien
- Sprechtext (AB 2) als Kopien
- Orff-Instrumentarium, Glockenspiel, Trillerpfeife

Differenzierung
Die Stimmen sind in verschiedenen Schwierigkeitsgraden gesetzt. Die Instrumentenzuteilung sollte daher zuvor bedacht werden. Je nach Klassenstärke können die Stimmen doppelt besetzt oder in Kleingruppen erarbeitet werden (bei dem Sprecher bietet sich dies jedoch nur bedingt an). Leistungsstarke Schüler können die Funktion des Dirigenten übernehmen.

Motivation
Die Schüler studieren ihre jeweilige Stimme ggf. in Partnerarbeit oder in Kleingruppen anhand von AB 1 ein.

Erarbeitung
Die Schüler proben das Stück im Klassenverband. Sinnvoll ist es, zunächst eine gemeinsame Probe durchzuführen, in der die Stimmen zusammengeführt werden. Der Lehrer oder ein Schüler (Dirigent) zählt zunächst vier Schläge (Viertelnoten) vor (Tempo beachten!). Dann setzen alle Stimmen nacheinander in der Reihenfolge von AB 1 ein.

Sicherung
Die Schüler spielen das Stück (Partitur auf Folie) gemeinsam im Klassenverband.

Weiterführung
Es können weitere Vorkommnisse auf der Straßenkreuzung (= Instrumente) implementiert werden (sinnvoll vor allem vor bzw. nach Takt 36).

Nr.	Instrument	Funktion	Schwierigkeitsgrad
1. + 2.	Voice	Sprecher 1 (+ 2)	anspruchsvoll
3.	Glockenspiel 1	Polizeiwagen / Sirene 1	anspruchsvoll
4.	Glockenspiel 2	Polizeiwagen / Sirene 2	anspruchsvoll
5.	Bells	Fahrrad	mittel
6.	Wood Blocks 1	Autotür 1	leicht
7.	Wood Blocks 2	Autotür 2	mittel
8.	Triangel	Straßenbahn	leicht
9.	Claves 1	Motoren 1	mittel
10.	Claves 2	Motoren 2	leicht
11.	Maracas 1	menschliche Stimmen 1	leicht
12.	Maracas 2	menschliche Stimmen 2	anspruchsvoller
13.	Ratchet	Ampel	anspruchsvoller
14.	Tambourine	Motorrad 1	leicht
15.	Cymbal	Motorrad 2	mittel
16.	Tom-tom	Presslufthammer	leicht

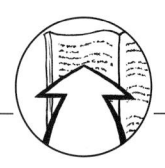

Chaos an der Straßenkreuzung – Partitur

Christina M. Stahl

Abkürzungen

In einer Partitur werden die Instrumente meist abgekürzt, um Platz zu sparen. Die Abkürzungen in dieser Partitur sind:

S1 - Sprecher 1   Mot1 - Motoren 1
S2 - Sprecher 2   Mot2 - Motoren 2
Sir1 - Sirene 1   St1 - Stimmen 1
Sir2 - Sirene 2   St2 - Stimmen 2
Fahr - Fahrrad   Amp - Ampel
Tür1 - Autotür 1   Mtrd1 - Motorrad 1
Tür2 - Autotür 2   Mrtd2 - Motorrad 2
Strb - Straßenbahn   Prlh - Presslufthammer

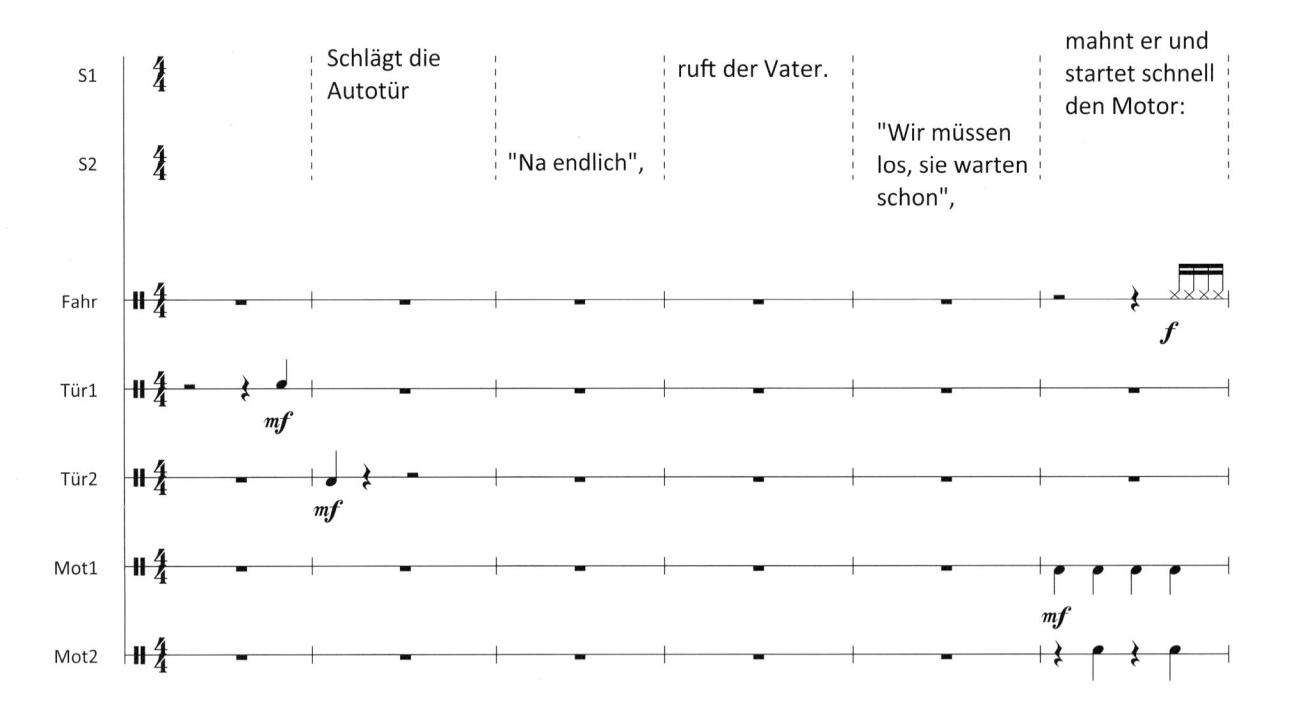

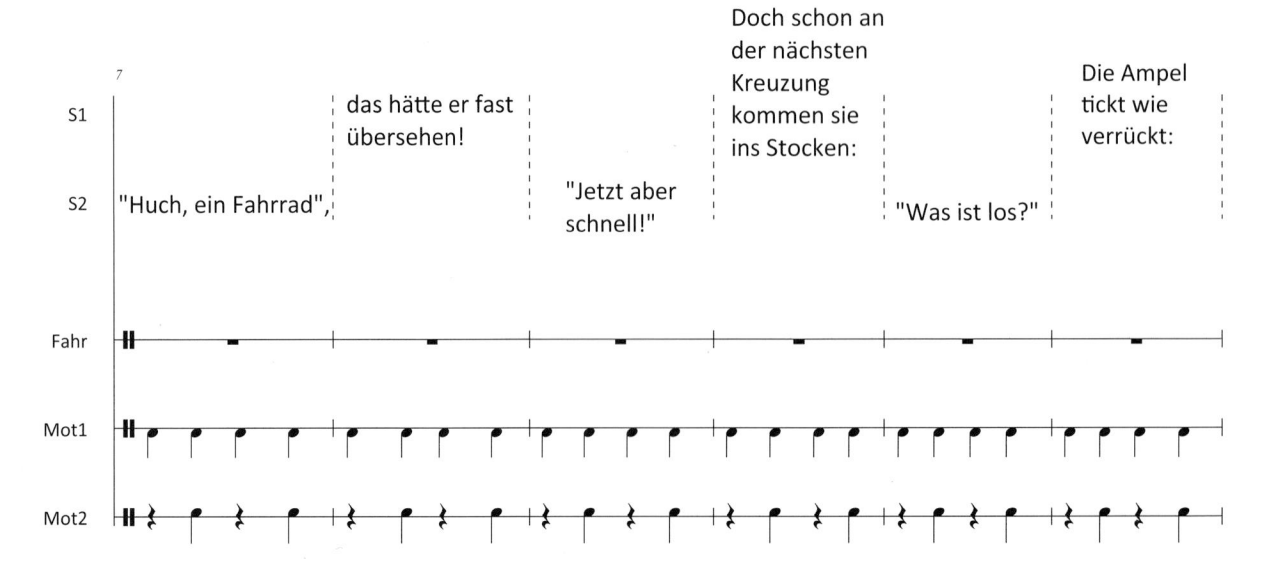

S1: Schlägt die Autotür — ruft der Vater. — mahnt er und startet schnell den Motor:

S2: "Na endlich", — "Wir müssen los, sie warten schon",

S1: das hätte er fast übersehen! — Doch schon an der nächsten Kreuzung kommen sie ins Stocken: — Die Ampel tickt wie verrückt:

S2: "Huch, ein Fahrrad", — "Jetzt aber schnell!" — "Was ist los?"

1. PRODUKTION: MUSIK REALISIEREN UND ENTWERFEN

Folie (2)

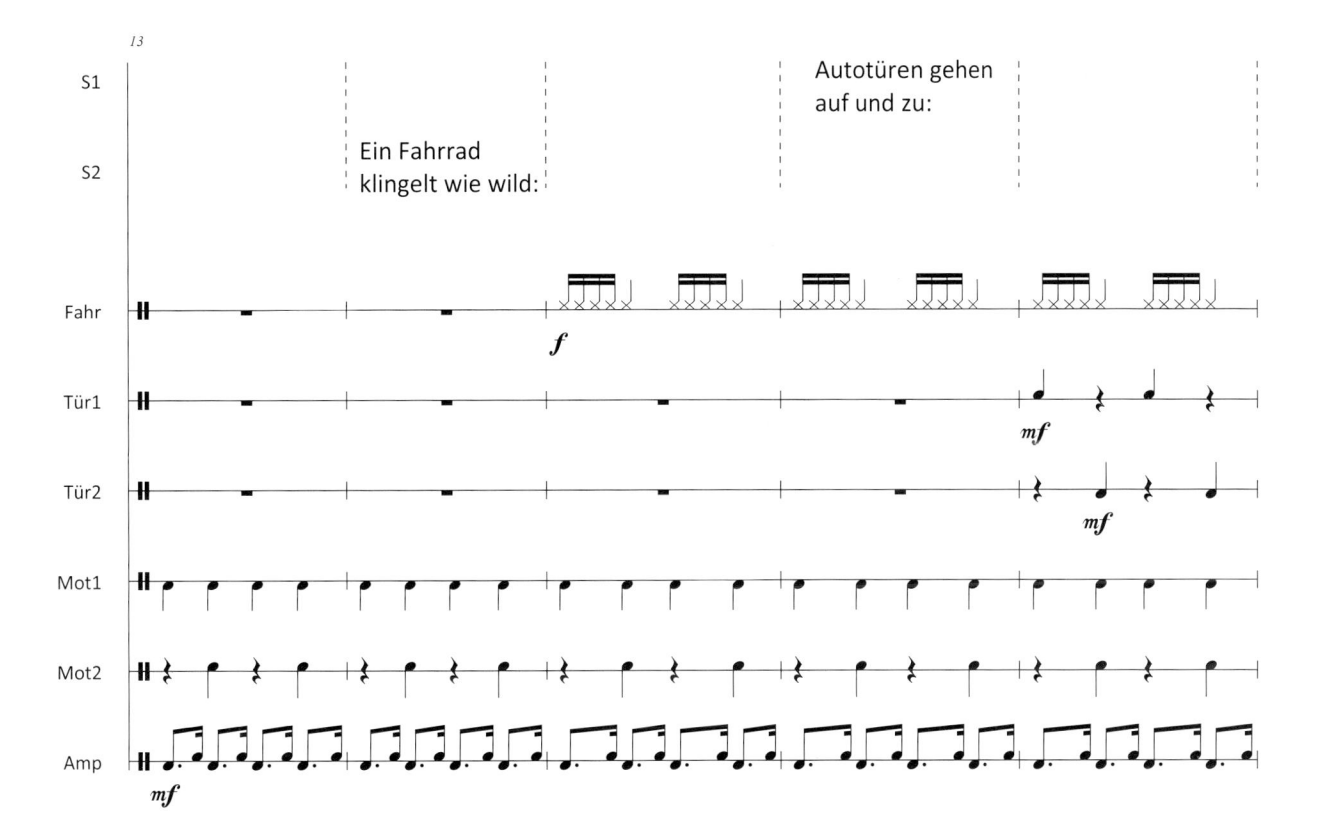

13

S1	Autotüren gehen auf und zu:
S2	Ein Fahrrad klingelt wie wild:

Fahr — *f*

Tür1 — *mf*

Tür2 — *mf*

Mot1

Mot2

Amp — *mf*

1. Produktion: Musik realisieren und entwerfen

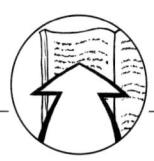

Folie (3)

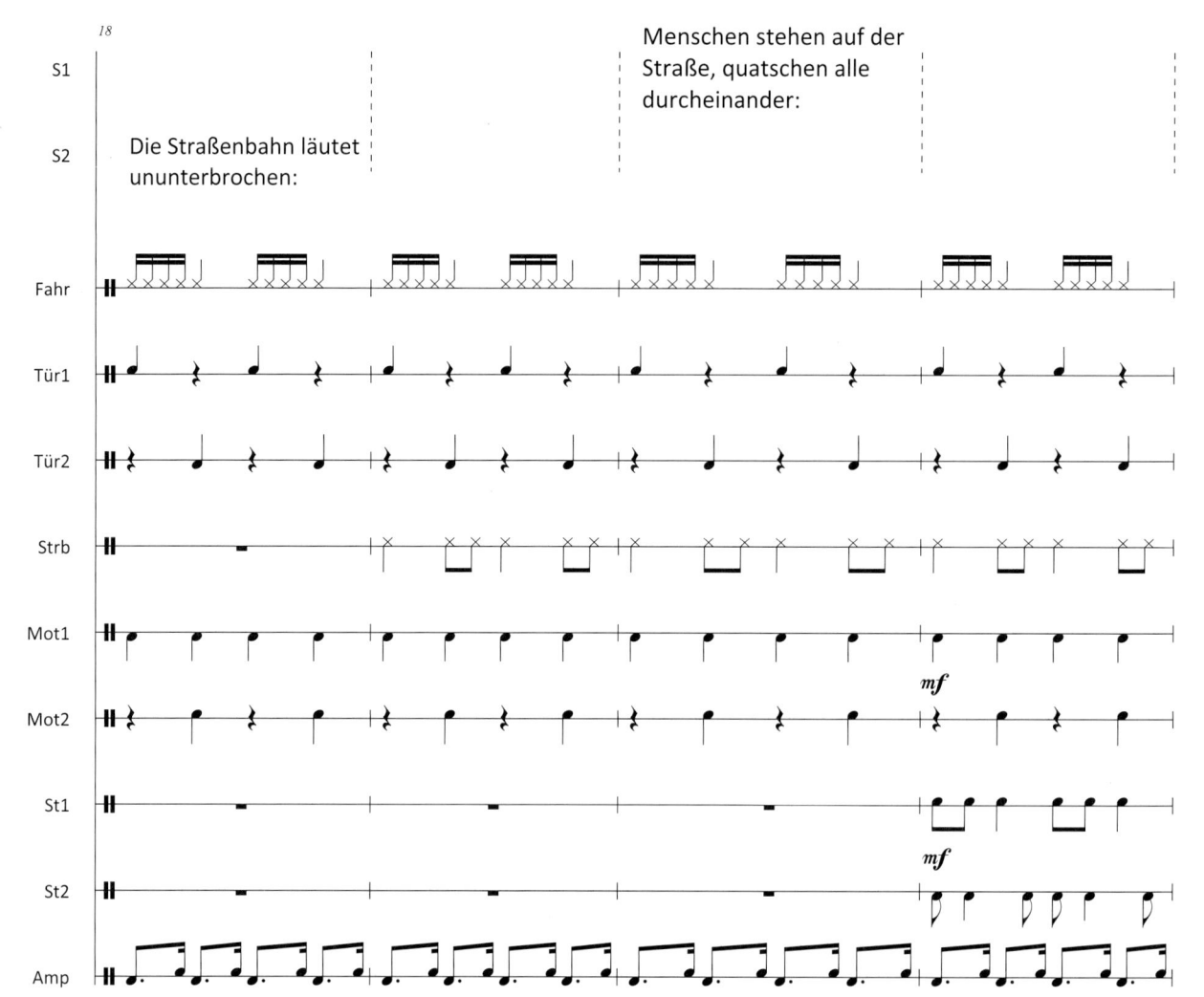

18

S1 — Menschen stehen auf der Straße, quatschen alle durcheinander:

S2 — Die Straßenbahn läutet ununterbrochen:

1. Produktion: Musik realisieren und entwerfen

Folie (4)

22

S1: Und der Presslufthammer dröhnt ganz lautstark:

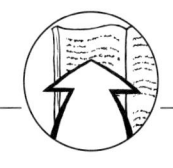

S2: Ein Motorrad hat eine Fehlzündung nach der anderen:

Mtrd1: *mf*

Prlh: *ff*

1. Produktion: Musik realisieren und entwerfen

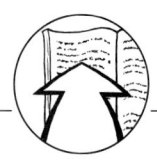

Folie (5)

26

S1

S2 — Von Weitem hört man nun die Polizei:

Sir1 *ff*

Sir2 *ff*

Fahr

Tür1

Tür2

Strb

Mot1

Mot2

St1

St2

Amp

Mtrd1

Mtrd2

Prlh

1. Produktion: Musik realisieren und entwerfen

Folie (6)

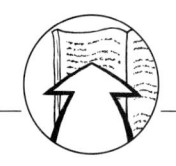

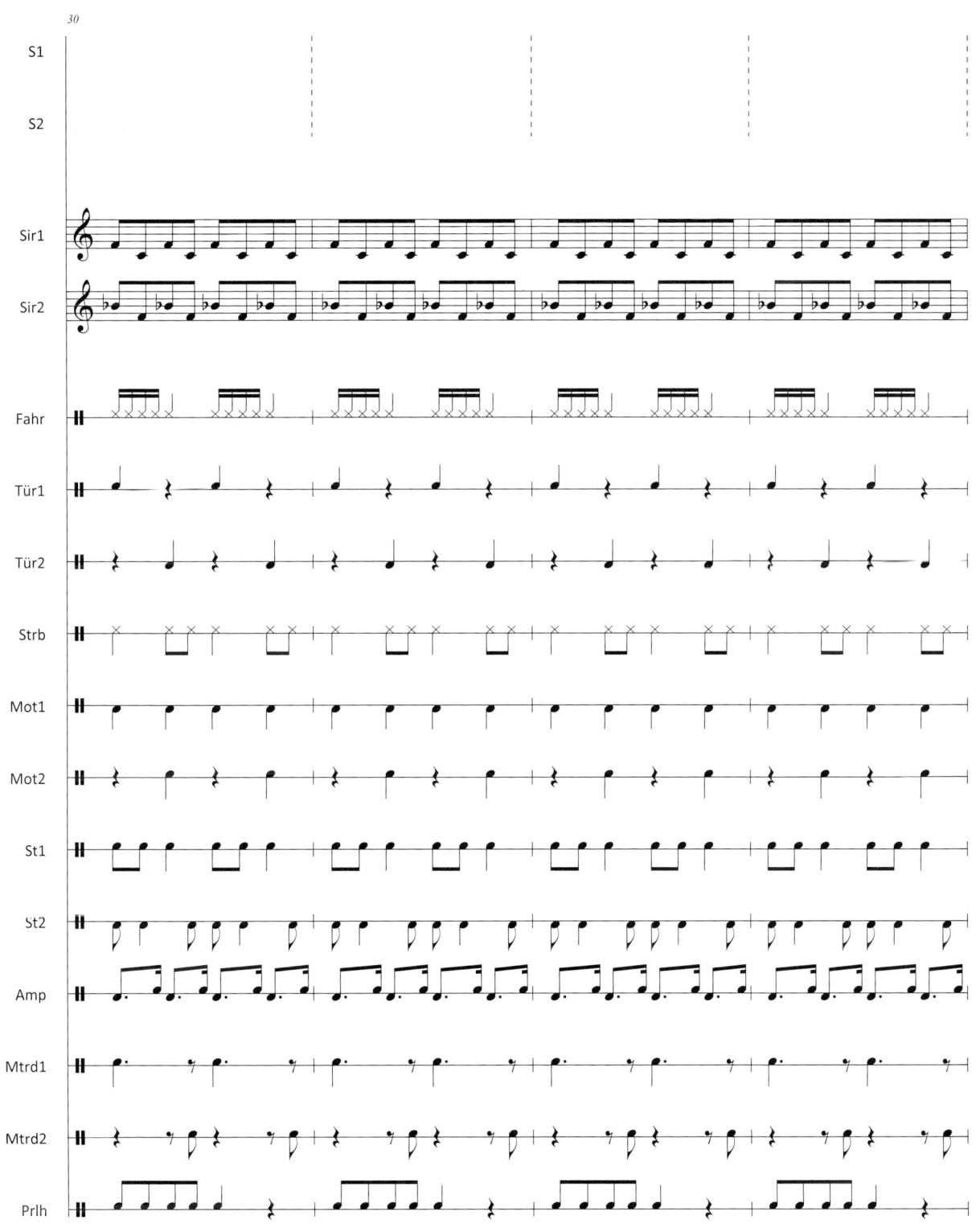

30

| S1 | S2 | Sir1 | Sir2 | Fahr | Tür1 | Tür2 | Strb | Mot1 | Mot2 | St1 | St2 | Amp | Mtrd1 | Mtrd2 | Prlh |

1. Produktion: Musik realisieren und entwerfen

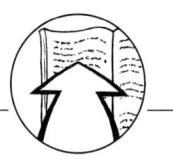

Folie (7)

34

| | "Was ist hier los?" | "Stopp!" | "So kommen wir nicht weiter!" |

S1 / S2: schreien die Polizisten.

FOLIE (8)

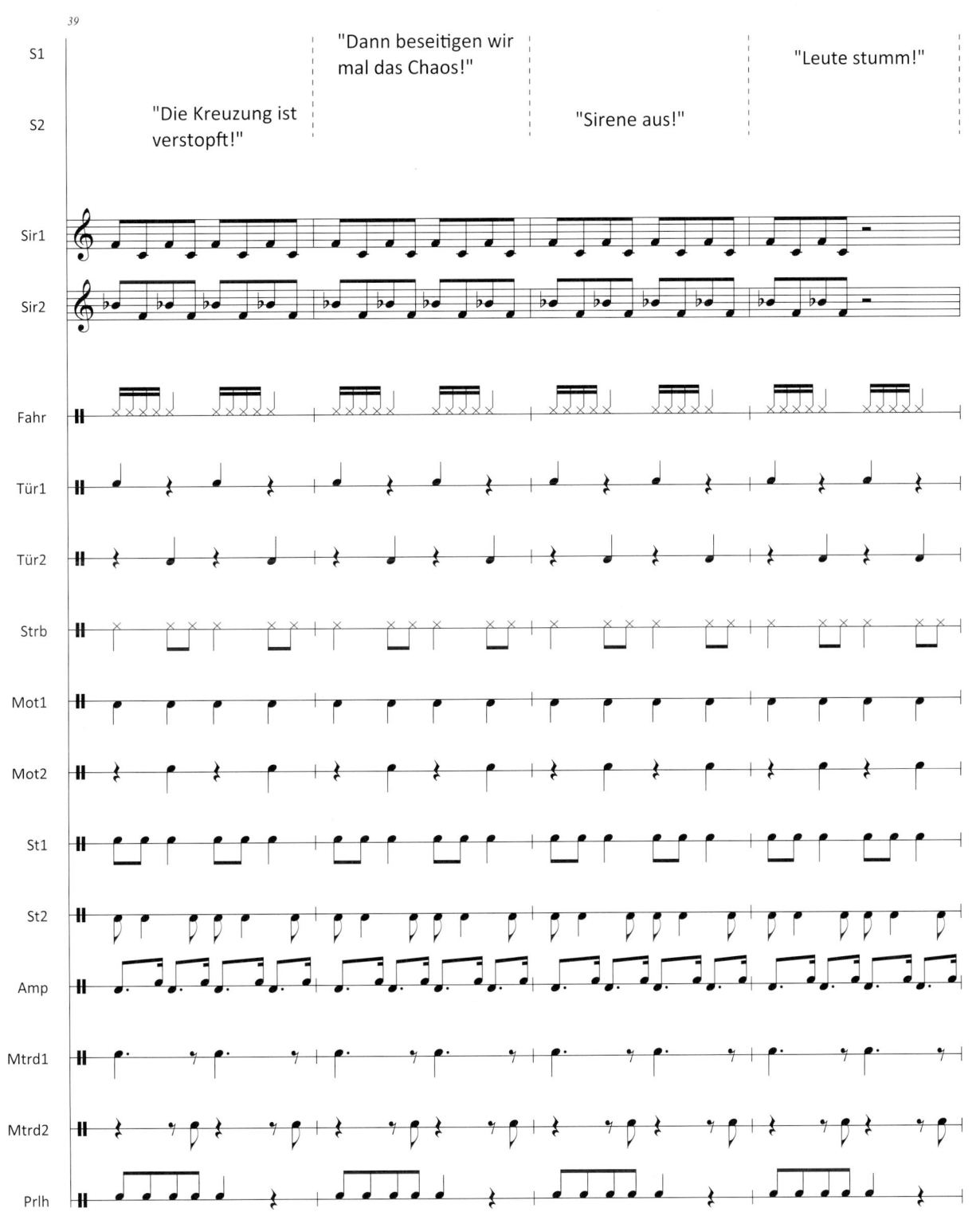

39

S1: "Dann beseitigen wir mal das Chaos!"   "Leute stumm!"

S2: "Die Kreuzung ist verstopft!"   "Sirene aus!"

1. PRODUKTION: MUSIK REALISIEREN UND ENTWERFEN

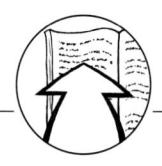

Folie (9)

43

S1	"ruft der Vater."		"Fahrrad fährt zuerst!"	
S2	"Na, endlich!"	"Alle einsteigen!"		"Autos langsam: Los!"

Folie (10)

47

- **S1**: "Motorrad los!" | "Presslufthammer: aus!"
- **S2**: "Straßenbahn: weg!" | Das Einzige, was bleibt, ist das leise Klicken der Ampel.

[Partitur mit Stimmen: Fahr, Strb, Mot1, Mot2, Amp, Mtrd1, Mtrd2, Prlh]

AB 1

Chaos an der Straßenkreuzung – Stimmenmaterial

Christina M. Stahl

Chaos an der Straßenkreuzung – Sprechtext

Sprecher 1	… schlägt die Autotür.	
Sprecher 2		„Na endlich",
Sprecher 1	ruft der Vater.	
Sprecher 2		„Wir müssen los, sie warten schon",
Sprecher 1	mahnt er und startet schnell den Motor:	
Sprecher 2		„Huch, ein Fahrrad",
Sprecher 1	das hätte er fast übersehen!	
Sprecher 2		„Jetzt aber schnell!"
Sprecher 1	Doch schon an der nächsten Kreuzung kommen sie ins Stocken:	
Sprecher 2		„Was ist los?"
Sprecher 1	Die Ampel tickt wie verrückt:	
Sprecher 2		Ein Fahrrad klingelt wie wild:
Sprecher 1	Autotüren gehen auf und zu:	
Sprecher 2		Die Straßenbahn läutet ununterbrochen:
Sprecher 1	Menschen stehen auf der Straße, quatschen alle durcheinander:	
Sprecher 2		Ein Motorrad hat eine Fehlzündung nach der anderen:
Sprecher 1	Und der Presslufthammer dröhnt ganz lautstark:	
Sprecher 2		Von Weitem hört man nun die Polizei:
Sprecher 1	„Was ist hier los?",	
Sprecher 2		schreien die Polizisten.
Sprecher 1	„Stopp! So kommen wir nicht weiter!"	
Sprecher 2		„Die Kreuzung ist verstopft!"
Sprecher 1	„Dann beseitigen wir mal das Chaos!"	
Sprecher 2		„Sirene aus!"
Sprecher 1	„Leute stumm!"	
Sprecher 2		„Na, endlich!",
Sprecher 1	ruft der Vater.	
Sprecher 2		„Alle einsteigen!"
Sprecher 1	„Fahrrad fährt zuerst!"	
Sprecher 2		„Autos langsam los!"
Sprecher 1	„Motorrad los!"	
Sprecher 2		„Straßenbahn weg!"
Sprecher 1	„Presslufthammer aus!"	
Sprecher 2		Das Einzige, was bleibt, ist das leise Klicken der Ampel.

1.3 „So bist du der Kolumbus dann?" – ein Lied szenisch darstellen

Kompetenzen
Die Schüler setzen einen Liedtext szenisch um. Sie nehmen dabei Bezug auf den Text und üben sich in der schauspielerischen Präsentation von musikalischen Werken.

Voraussetzungen
- Die Schüler können solistisch und chorisch singen.
- Die Schüler können Textstrukturen erkennen.

Material und Vorbereitungstipps
- AB als Kopien
- ggf. Begleitinstrument
- Kostüm- und Requisitenkiste: Hut, einfacher Umhang, Krone, Königsumhang, Tasse, Fernrohr (kann aus einem gerollten DIN-A4-Blatt hergestellt werden), Federn und Stirnbänder für die „Wilden", ggf. (dunkle) T-Shirts für den Background-Chor
Die einzelnen Requisiten sollten ggf. mehrmals vorhanden sein, je nach Gruppenanzahl (vgl. unten). Die Schüler können die Kostüme und Requisiten ggf. auch selbst herstellen bzw. mitbringen.
- Je nach Größe und Struktur der Klasse kann es sich anbieten, die Klasse zu teilen, sodass am Ende zwei oder drei Fassungen präsentiert (und verglichen) werden können. Die Gruppengröße kann variieren, eine Gruppe muss aber aus mindestens zehn Schülern bestehen.

Vorbereitende Hausaufgabe
(kann auch entfallen)
Die Schüler bearbeiten die vorbereitende Aufgabe (AB, Aufgabe 1). Hier erstellen die Schüler eine „Drehbuchvorlage" für die Inszenierung.

Motivation
Die Schüler singen das Lied gemeinsam.

Erarbeitung
Die Klasse wird in einzelne Gruppen geteilt. Die Schüler teilen in ihren Gruppen jeweils die Stimmen analog zur Textstruktur auf: Erzähler (Solo oder Duo), Kolumbus (Solo), spanischer König (Solo), Häuptling (Solo), „Wilde" (Trio / Quartett), Background-Chor (Trio / Quartett)
Anschließend bearbeiten die Schüler die Aufgaben 2 bis 4 (AB).

Sicherung
Die einzelnen Gruppen präsentieren ihre Inszenierung in einer Art Wettbewerb vor der Klasse und die Schüler vergleichen die unterschiedlichen Inszenierungen (hinsichtlich schauspielerischer Leistung / Gesang). Die beste Inszenierung gewinnt.

Weiterführung
Weitere Lieder, die inszeniert werden können, sind z. B. „Tief im Urwald Brasiliano" oder „Major Tom".

Differenzierung
- Die Schüler können den Background-Chor auch zweistimmig singen.
- Die Schüler können Gestaltungshinweise in die Notation eintragen: entweder im Klartext (z. B. hier schneller und leiser) oder fachterminologisch (z. B. *accelerando* und *piano*)

Tipp
Die Inszenierungen können gut bei einem Schul- oder Klassenfest präsentiert werden.

Mögliche Lösung

Oben	Unten
Kolumbus steht bedrückt am Strand und sucht neues Land.	
	Kolumbus trinkt seinen Morgenkaffee. Mit der ersten Straßenbahn kommt der spanische König.
Der spanische König lobt Kolumbus für seine Taten und bittet ihn, zum Ruhm Spaniens Amerika zu entdecken.	
	Kolumbus macht sich am nächsten Tag auf den Weg. Einige Zeit später entdeckt er Amerika.
In Amerika stehen die Ureinwohner eingeschüchtert an Land. Auf die Frage von Kolumbus, ob dies Amerika sei, rufen sie: „Ja!"	
	Die Ureinwohner sind nicht begeistert, dass Kolumbus sie entdeckt hat. Der Häuptling erkennt Kolumbus.

So bist du der Kolumbus dann?

traditionell überliefert

1. Ein Mann, der sich Ko-lum-bus nannt', wi-de-wi-de-witt, bumm bumm, war in der Schiff-fahrt wohl-be-kannt! Wi-de-wi-de-witt, bumm bumm! Es drück-ten ihn die Sor-gen schwer, er such-te neu-es Land im Meer. Glo-ri-a Vik-to-ri-a, wi-de-wi-de-witt, juch-ei-ras-sa! hu!

2. Als er den Morgenkaffee trank, widewidewitt, bumm bumm,
   da rief er fröhlich: „Gott sei Dank!" Widewidewitt, bumm bumm!
   Denn mit der ersten Straßenbahn, da kam der span'sche König an. Gloria Viktoria …

3. „Kolumbus," sprach er, „guter Mann", widewidewitt, bumm bumm,
   „du hast schon manche Tat getan." Widewidewitt, bumm bumm!
   „Doch eins fehlt unsrem Gloria, entdecke mir Amerika!" Gloria Viktoria …

4. Gesagt, getan, ein Mann, ein Wort, widewidewitt, bumm bumm!
   Am nächsten Tag schon fuhr er fort, widewidewitt, bumm bumm!
   Und eines Morgens rief er: „Land, wie deucht mir alles so bekannt." Gloria Viktoria …

5. Das Volk an Land stand stumm und zag, widewidewitt, bumm bumm,
   da sagt Kolumbus: „Guten Tag!", widewidewitt, bumm bumm,
   „Ist hier etwa Amerika?" Da riefen alle Wilden: „Ja!" Gloria Viktoria …

6. Die Wilden waren sehr erschreckt, widewidewitt, bumm bumm,
   und riefen laut: „Wir sind entdeckt!" Widewidewitt, bumm bumm!
   Der Häuptling rief ihm: „Lieber Mann, so bist du der Kolumbus dann!" Gloria Viktoria …

AUFGABEN

1. Lege in deinem Musikheft eine Zeitleiste an und trage hierin ein, was in dem Lied passiert.
2. Überlegt gemeinsam, wie ihr den Text unter euch aufteilen könnt. Wer übernimmt die Partie des Kolumbus', wer die des spanischen Königs usw.
   Tipp: Manche „Stimmen" können auch von einem kleinen Chor gesungen werden (z. B. die „Wilden" oder das „widewidewitt, bumm bumm").
3. Wählt aus der Kostüm- und Requisitenkiste Kleidungsstücke und Gegenstände aus, mit denen ihr die Figuren gut darstellen könnt.
4. Probt das Lied mit verteilten Rollen.

1.4 Der Zug der Trolle – Musik choreografisch umsetzen

Kompetenzen
Die Schüler setzen ihre eigene Wahrnehmung des Musikausschnitts in einem vorgegebenen Rahmen in Bewegung um. Sie interpretieren das Gehörte nonverbal. Dabei arbeiten sie arbeitsteilig an einer Gesamtchoreografie.

Vorbemerkung
- „Der Zug der Trolle" von Edvard Grieg ist mit *Allegro moderato* überschrieben und basiert auf einer schnellen Achtelbewegung. Aufgrund des hohen Tempos bietet es sich nicht an, diese Achtelbewegung zu imitieren. Denkbar ist vielmehr eine Bewegung pro Viertelnote.
- Die Schüler erarbeiten sich das Stück in arbeitsteiliger Gruppenarbeit. Die Klasse wird hierzu in fünf Gruppen geteilt, die nach Möglichkeit in der Erarbeitungsphase in unterschiedlichen Räumen oder in der Turnhalle arbeiten. Je nach Zusammensetzung und Struktur der Klasse bietet es sich an, die Gruppen nach Jungen und Mädchen getrennt zu besetzen.
- Der Verlauf des Zuges entspricht dem Muster 1 – 2 – 3 – 1 – 2 – 1 – 4 – 5 – 4 – 5 – 1 – 2 – 3 – 1 – 2 – 1, sodass die einzelnen Gruppen genau hören müssen, wann sie an der Reihe sind und agieren müssen.

Voraussetzungen
- Die Schüler können sich in feinmotorischen Bewegungen zur Musik ausdrücken.
- Die Schüler haben bereits erste Erfahrungen im Bereich von Musik und Bewegung gesammelt.
- Die Schüler kennen die Notenwerte bis zur Zweiunddreißigstelnote.

Material und Vorbereitungstipps
- AB der Gruppen als Kopien
- 5 Hörstationen mit Musikbeispielen (CD „Sternstunden Musik 5/6", Track 1–7[1])
- MP3-Player mit entsprechender Angabe der Titelnummer oder ggf. CD-Player
- Es empfiehlt sich, den MP3-Player / CD-Player so einzustellen, dass der jeweilige Ausschnitt in Dauerschleife durchläuft.
- Es muss sichergestellt werden, dass auch bei größerer Lautstärke im Klassenzimmer bzw. in der Umgebung das Musikbeispiel noch gut gehört werden kann.
- Plakat (oder Tafelbild) mit dem Verlauf des Zuges der Trolle (Muster: 1 – 2 – 3 – 1 – 2 – 1 – 4 – 5 – 4 – 5 – 1 – 2 – 3 – 1 – 2 – 1), zunächst verdeckt
- Die Schüler werden in fünf Gruppen eingeteilt. Jede Gruppe befindet sich an einer Hörstation.

Motivation
Die Schüler lesen den Informationstext auf den AB der einzelnen Gruppen.
Anschließend bearbeiten die Gruppen Aufgabe 1 (AB). Die Schüler halten ihre Ideen, welche Bewegungen Trolle ausführen können (z. B. kugeln, schwerfällig hüpfen, in die Hocke gehen, stampfen, mit dem Kopf nicken, winken, mit der Hüfte wackeln), schriftlich fest.

Erarbeitung
Die Schüler hören den ihrer Gruppe zugeordneten Ausschnitt mehrmals an und gestalten in Gruppenarbeit „Troll-Bewegungen" zu diesem Ausschnitt (AB, Aufgabe 2).

Sicherung
- Alle Schüler stellen sich in einem Kreis auf (die Gruppenmitglieder stehen jeweils nebeneinander) und verfolgen anhand des Plakats „Verlauf des Zuges der Trolle" oder des Tafelbilds das gesamte Werk. Die einzelnen Gruppen erhören, an welchen Stellen sie jeweils einsetzen und ihre Choreografie vorstellen müssen.
- Beim zweiten Hördurchgang setzen die einzelnen Gruppen an der jeweiligen Stelle mit ihren Bewegungen ein. Die Gruppen präsentieren sich so ihre Darbietungen gegenseitig.

Reflexion
Die Schüler deuten ihre Choreografien, indem sie erklären, was während des „Trollzuges" passiert ist. Dabei können undeutliche Bewegungen verfeinert bzw. „nachchoreografiert" werden.

---

[1] Track 1 = Trollbewegung 1, T. 2 = TB 2, T. 3 = TB 3, T. 4 = Zug 1 – 2 – 1, T. 5 = TB 4, T. 6 = TB 5, T. 7 = Zug 4 – 5 – 1 – 2 – 3 – 1 – 2 – 1; d. h. laufen die Tracks 1–7 durch, so ist der ganze Trollzug zu hören

Differenzierung

Es bieten sich unterschiedliche „Troll-Bewegungen" an, die in ihrer Komplexität während des Verlaufs zunehmen können: Bei Passage 1 bietet sich die Möglichkeit, einzig die schritthafte Achtelbewegung der linken Hand darzustellen, sie kann also auch von rhythmisch weniger versierten Schülern übernommen werden. In Passage 2 können Gedanken und Ideen der Trolle anhand der Zweiunddreißigstelnoten dargestellt werden. Bei Passage 3 bietet es sich an, aufgrund der harmonischen Strukturen Dialoge bzw. Streitgespräche darzustellen. Passage 4 legt eine lyrische, überlegende Umsetzung nahe, in der beispielsweise die Trolle über etwas nachdenken oder schlafen gehen. Passage 5 bietet die Möglichkeit, fliegende Gedanken oder schnelle Veränderungen darzustellen. Dies ist die komplexeste Aufgabe.

Die Schüler können daher auch von dem Lehrer ihrer rhythmischen Fähigkeiten entsprechend den Gruppen zugeteilt werden.

Gruppen, die bereits vor den anderen Schülern mit der Inszenierung fertig sind, können die nonverbale Interpretation in Worte fassen (AB, Schon fertig?, Aufgabe 1).

Erweiterung für eine Doppelstunde

Die Bewegungen der einzelnen Gruppen werden jeweils von der ganzen Klasse erlernt, sodass alle Schüler gemeinsam den kompletten Toll-Zug darstellen können.

Einstieg

Die einzelnen Gruppen wiederholen ihre Bewegungen in ihren Gruppen, sodass alle Schüler den Bewegungsablauf ihrer Gruppe (Basisgruppe) problemlos beherrschen.

Erarbeitung (Gruppenpuzzle)

Aus jeder Basisgruppe wird jeweils ein Schüler in eine neu zu bildende Gruppe (Expertengruppe) entsandt, d.h. jede Expertengruppe setzt sich wiederum aus fünf Schülern zusammen (Expertengruppe 1 = Schüler 1 aus Basisgruppe 1, Schüler 1 aus Basisgruppe 2, Schüler 1 aus Basisgruppe 3 usw.).

Anschließend bringen sich die Schüler in den Expertengruppen die Bewegungen der einzelnen Basisgruppen gegenseitig bei, sodass am Ende alle Schüler alle Bewegungen können.

Sicherung

Anschließend begeben sich die Schüler wieder in ihre Basisgruppen. Der Zug der Trolle formiert sich doppelreihig, mit ausreichend Platz dazwischen (siehe unten Abb. 1).

Der Zug bewegt sich zur Musik und zieht dabei durch das Klassenzimmer: Die jeweils agierende Basisgruppe setzt sich durch die Mitte kommend an die Spitze, während sich die anderen Gruppen im Zug mitbewegen, d.h. es beteiligen sich alle Schüler gleichmäßig an allen „Troll-Bewegungen".

Tipp

Aufgrund der Struktur des Werkes (siehe Verlauf des Zuges) folgen die Gruppen nicht der Reihe nach aufeinander. Daher sollte im Vorfeld geklärt werden, auf welche Position die Gruppen nach ihrem „Auftritt" zurückfallen.

Beispiel: Den Anfang macht Gruppe 1, danach folgt Gruppe 2, dann Gruppe 3. Nach Gruppe 3 folgt aber wieder Gruppe 1, sodass sich Gruppe 1, nachdem sie zum ersten Mal an der Spitzenposition war, hinter Gruppe 3 einordnen muss (siehe Abb. 2).

Hausaufgabe

Die Schüler tragen die Bewegung ihrer Basisgruppe in die Partitur ein (AB, Aufgabe 4).

G5   G5   G4   G4   G3   G3   G2   G2   G1   G1

Platz lassen! ⟶ *Laufrichtung*

G5   G5   G4   G4   G3   G3   G2   G2   G1   G1

Abb. 1

G5   G4   G3   G2   G1
G5   G4   G3   G2   G1

Abb. 2

AB Gruppe 1

Der Zug der Trolle

Trolle sind schrumpelige, böse Wesen, die vor allem in Märchen aus Skandinavien zu finden sind. Sie leben in der Unterwelt und können sehr gefährlich werden. Im Gegensatz zu mitteleuropäischen Zwergen sind Trolle groß und dick. Sie bewegen sich sehr behäbig, haben aber schnelle Gedanken, die in ihren Gesichtern sichtbar werden können. Es gibt
5 den Ausdruck „sich trollen", was „langsam, beschämt, unwillig weggehen" bedeutet. Der norwegische Komponist Edvard Grieg (1843–1907), der selbst nicht sehr groß war und dem eine gewisse Ähnlichkeit zu einem Troll nachgesagt wird, suchte für seine Kompositionen häufig Anregungen in der Troll- und Märchenwelt. Unter seinen „Lyrischen Stücken" für Klavier solo findet sich das opus 54 Nummer 3, das Grieg „Troldtog"
10 nannte, was übersetzt „Troll-Zug" („Troll-Wanderung") bedeutet. In diesem Stück setzt der Komponist unterschiedliche „Troll-Bewegungen" musikalisch um. Eine dieser „Troll-Bewegungen" ist folgende:

„Troldtog" – „Troll-Bewegung" 1

Edvard Grieg

Aufgaben

1. Überlegt gemeinsam, welche Bewegungen Trolle machen können, und notiert diese in eurem Musikheft.
2. Hört euch die „Troll-Bewegung 1" (Track 1) mehrfach und genau an. Überlegt gemeinsam, wie ihr die Musik in Bewegung umsetzen könnt, und probiert eure Vorschläge aus.

Schon fertig?

1. Beschreibt, was beim Zug der Trolle passiert, und notiert eure Geschichte in eurem Musikheft.
2. Tragt in die Noten eure Choreografie ein. Verwendet dafür Zeichen, die ihr in einer Legende erklärt. Achtet darauf, dass die Hinweise an den richtigen Stellen in den Noten stehen.

Beispiele für die Legende:
- ● mit dem linken Bein stampfen
- ○ mit dem rechten Bein stampfen
- △ …
- ✷ mit dem Kopf nicken
- ■ mit dem linken Arm winken
- ▲ …

AB Gruppe 2

Der Zug der Trolle

Trolle sind schrumpelige, böse Wesen, die vor allem in Märchen aus Skandinavien zu finden sind. Sie leben in der Unterwelt und können sehr gefährlich werden. Im Gegensatz zu mitteleuropäischen Zwergen sind Trolle groß und dick. Sie bewegen sich sehr behäbig, haben aber schnelle Gedanken, die in ihren Gesichtern sichtbar werden können. Es gibt
5 den Ausdruck „sich trollen", was „langsam, beschämt, unwillig weggehen" bedeutet. Der norwegische Komponist Edvard Grieg (1843–1907), der selbst nicht sehr groß war und dem eine gewisse Ähnlichkeit zu einem Troll nachgesagt wird, suchte für seine Kompositionen häufig Anregungen in der Troll- und Märchenwelt. Unter seinen „Lyrischen Stücken" für Klavier solo findet sich das opus 54 Nummer 3, das Grieg „Troldtog"
10 nannte, was übersetzt „Troll-Zug" („Troll-Wanderung") bedeutet. In diesem Stück setzt der Komponist unterschiedliche „Troll-Bewegungen" musikalisch um. Eine dieser „Troll-Bewegungen" ist folgende:

„Troldtog" – „Troll-Bewegung" 2

Edvard Grieg

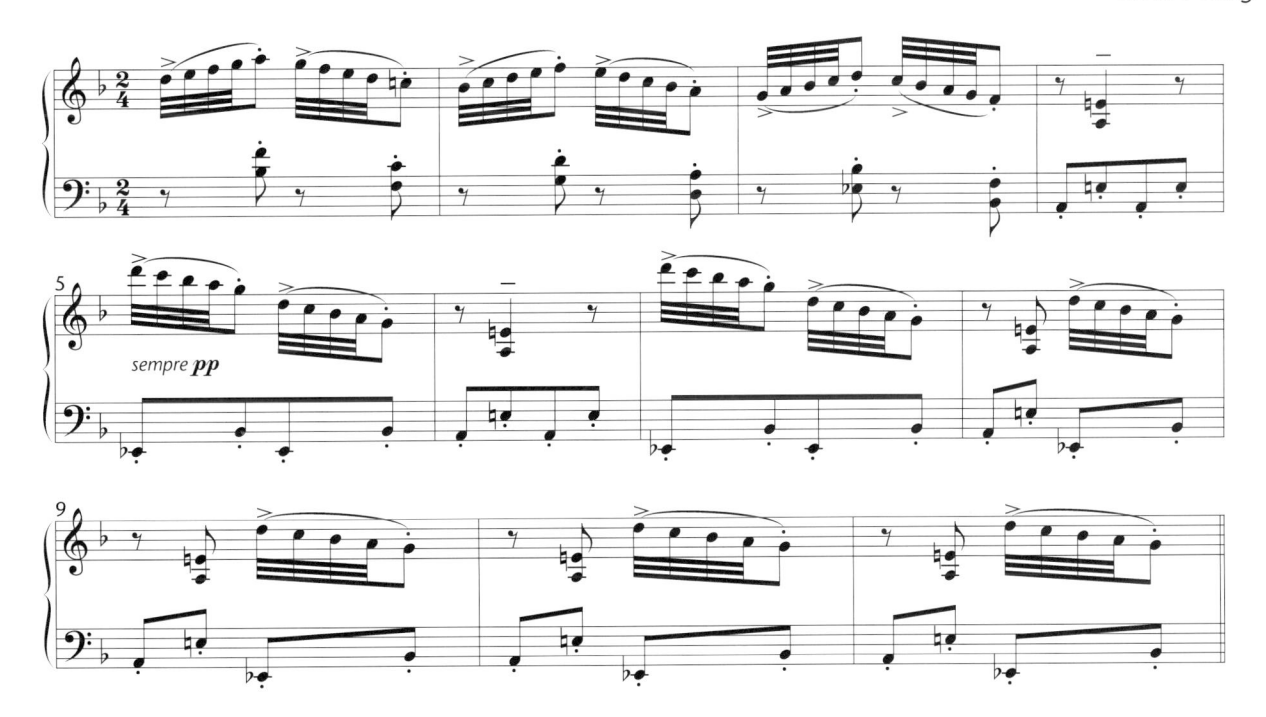

Aufgaben

1. Überlegt gemeinsam, welche Bewegungen Trolle machen können, und notiert diese in eurem Musikheft.
2. Hört euch die „Troll-Bewegung 2" (Track 2) mehrfach und genau an. Überlegt gemeinsam, wie ihr die Musik in Bewegung umsetzen könnt, und probiert eure Vorschläge aus.

Schon fertig?

1. Beschreibt, was beim Zug der Trolle passiert, und notiert eure Geschichte in eurem Musikheft.
2. Tragt in die Noten eure Choreografie ein. Verwendet dafür Zeichen, die ihr in einer Legende erklärt. Achtet darauf, dass die Hinweise an den richtigen Stellen in den Noten stehen.

Beispiele für die Legende:

- ● mit dem linken Bein stampfen
- ○ mit dem rechten Bein stampfen
- △ …
- ✸ mit dem Kopf nicken
- ■ mit dem linken Arm winken
- ▲ …

1. Produktion: Musik realisieren und entwerfen

AB Gruppe 3

Der Zug der Trolle

Trolle sind schrumpelige, böse Wesen, die vor allem in Märchen aus Skandinavien zu finden sind. Sie leben in der Unterwelt und können sehr gefährlich werden. Im Gegensatz zu mitteleuropäischen Zwergen sind Trolle groß und dick. Sie bewegen sich sehr behäbig, haben aber schnelle Gedanken, die in ihren Gesichtern sichtbar werden können. Es gibt
5 den Ausdruck „sich trollen", was „langsam, beschämt, unwillig weggehen" bedeutet. Der norwegische Komponist Edvard Grieg (1843–1907), der selbst nicht sehr groß war und dem eine gewisse Ähnlichkeit zu einem Troll nachgesagt wird, suchte für seine Kompositionen häufig Anregungen in der Troll- und Märchenwelt. Unter seinen „Lyrischen Stücken" für Klavier solo findet sich das opus 54 Nummer 3, das Grieg „Troldtog"
10 nannte, was übersetzt „Troll-Zug" („Troll-Wanderung") bedeutet. In diesem Stück setzt der Komponist unterschiedliche „Troll-Bewegungen" musikalisch um. Eine dieser „Troll-Bewegungen" ist folgende:

„Troldtog" – „Troll-Bewegung" 3

Edvard Grieg

Aufgaben

1. Überlegt gemeinsam, welche Bewegungen Trolle machen können, und notiert diese in eurem Musikheft.
2. Hört euch die „Troll-Bewegung 3" (Track 3) mehrfach und genau an. Überlegt gemeinsam, wie ihr die Musik in Bewegung umsetzen könnt, und probiert eure Vorschläge aus.

Schon fertig?

1. Beschreibt, was beim Zug der Trolle passiert, und notiert eure Geschichte in eurem Musikheft.
2. Tragt in die Noten eure Choreografie ein. Verwendet dafür Zeichen, die ihr in einer Legende erklärt. Achtet darauf, dass die Hinweise an den richtigen Stellen in den Noten stehen.

Beispiele für die Legende:
- ● mit dem linken Bein stampfen
- ○ mit dem rechten Bein stampfen
- △ …
- ✷ mit dem Kopf nicken
- ■ mit dem linken Arm winken
- ▲ …

AB Gruppe 4

Der Zug der Trolle

Trolle sind schrumpelige, böse Wesen, die vor allem in Märchen aus Skandinavien zu finden sind. Sie leben in der Unterwelt und können sehr gefährlich werden. Im Gegensatz zu mitteleuropäischen Zwergen sind Trolle groß und dick. Sie bewegen sich sehr behäbig, haben aber schnelle Gedanken, die in ihren Gesichtern sichtbar werden können. Es gibt
5   den Ausdruck „sich trollen", was „langsam, beschämt, unwillig weggehen" bedeutet. Der norwegische Komponist Edvard Grieg (1843–1907), der selbst nicht sehr groß war und dem eine gewisse Ähnlichkeit zu einem Troll nachgesagt wird, suchte für seine Kompositionen häufig Anregungen in der Troll- und Märchenwelt. Unter seinen „Lyrischen Stücken" für Klavier solo findet sich das opus 54 Nummer 3, das Grieg „Troldtog"
10 nannte, was übersetzt „Troll-Zug" („Troll-Wanderung") bedeutet. In diesem Stück setzt der Komponist unterschiedliche „Troll-Bewegungen" musikalisch um. Eine dieser „Troll-Bewegungen" ist folgende:

„Troldtog" – „Troll-Bewegung" 4

Edvard Grieg

AUFGABEN

1. Überlegt gemeinsam, welche Bewegungen Trolle machen können, und notiert diese in eurem Musikheft.
2. Hört euch die „Troll-Bewegung 4" (Track 5) mehrfach und genau an. Überlegt gemeinsam, wie ihr die Musik in Bewegung umsetzen könnt, und probiert eure Vorschläge aus.

SCHON FERTIG?

1. Beschreibt, was beim Zug der Trolle passiert, und notiert eure Geschichte in eurem Musikheft.
2. Tragt in die Noten eure Choreografie ein. Verwendet dafür Zeichen, die ihr in einer Legende erklärt. Achtet darauf, dass die Hinweise an den richtigen Stellen in den Noten stehen.

Beispiele für die Legende:

- ● *mit dem linken Bein stampfen*
- ○ *mit dem rechten Bein stampfen*
- △ ...
- ✳ *mit dem Kopf nicken*
- ■ *mit dem linken Arm winken*
- ▲ ...

1. PRODUKTION: MUSIK REALISIEREN UND ENTWERFEN

AB Gruppe 5

Der Zug der Trolle

Trolle sind schrumpelige, böse Wesen, die vor allem in Märchen aus Skandinavien zu finden sind. Sie leben in der Unterwelt und können sehr gefährlich werden. Im Gegensatz zu mitteleuropäischen Zwergen sind Trolle groß und dick. Sie bewegen sich sehr behäbig, haben aber schnelle Gedanken, die in ihren Gesichtern sichtbar werden können. Es gibt
5   den Ausdruck „sich trollen", was „langsam, beschämt, unwillig weggehen" bedeutet.
Der norwegische Komponist Edvard Grieg (1843–1907), der selbst nicht sehr groß war und dem eine gewisse Ähnlichkeit zu einem Troll nachgesagt wird, suchte für seine Kompositionen häufig Anregungen in der Troll- und Märchenwelt. Unter seinen „Lyrischen Stücken" für Klavier solo findet sich das opus 54 Nummer 3, das Grieg „Troldtog"
10 nannte, was übersetzt „Troll-Zug" („Troll-Wanderung") bedeutet. In diesem Stück setzt der Komponist unterschiedliche „Troll-Bewegungen" musikalisch um. Eine dieser „Troll-Bewegungen" ist folgende:

„Troldtog" – „Troll-Bewegung" 5

Edvard Grieg

Aufgaben

1. Überlegt gemeinsam, welche Bewegungen Trolle machen können, und notiert diese in eurem Musikheft.
2. Hört euch die „Troll-Bewegung 5" (Track 6) mehrfach und genau an. Überlegt gemeinsam, wie ihr die Musik in Bewegung umsetzen könnt, und probiert eure Vorschläge aus.

Schon fertig?

1. Beschreibt, was beim Zug der Trolle passiert, und notiert eure Geschichte in eurem Musikheft.
2. Tragt in die Noten eure Choreografie ein. Verwendet dafür Zeichen, die ihr in einer Legende erklärt. Achtet darauf, dass die Hinweise an den richtigen Stellen in den Noten stehen.

Beispiele für die Legende:
- ● *mit dem linken Bein stampfen*
- ○ *mit dem rechten Bein stampfen*
- △ *…*
- ✳ *mit dem Kopf nicken*
- ■ *mit dem linken Arm winken*
- ▲ *…*

1. Produktion: Musik realisieren und entwerfen

1.5 Nachts im Supermarkt – Notenwerte und Pausen üben (Doppelstunde)

Kompetenzen
Indem die Schüler verschiedene Nudelsorten rhythmisch darstellen und die Geschichte vervollständigen, üben sie Notenwerte und Pausen. Sie üben hier besonders Synkopen – sowohl theoretisch als auch praktisch.

Voraussetzungen
- Die Schüler kennen Notenwerte.
- Die Schüler kennen Synkopen (ggf. Vorbereitung durch Kapitel 4.2 Rhythmik).

Material und Vorbereitungstipps
- AB 1 und AB 2 als Kopien
- Die Schüler werden in sechs Gruppen (Eiernudeln, Makkaroni, Tagliatelle, Tortellini, Schupfnudeln, Spaghetti) eingeteilt, die auf unterschiedlichen Niveaus arbeiten (siehe Differenzierung).

Motivation
Die Schüler lesen bzw. rappen den Anfang der Geschichte (AB 1) gemeinsam im Klassenverband. Die ersten Patterns müssen ggf. mit den Schülern Schritt für Schritt besprochen und erarbeitet werden.

Erarbeitung
Die Schüler werden in sechs Gruppen eingeteilt, jeder Gruppe wird eine Nudelsorte zugeordnet. Die Gruppen schreiben jeweils die Geschichte, abgestimmt auf ihre Nudelsorte, mit rhythmischen Patterns zu Ende (AB 2, Aufgaben 1 und 2).

Sicherung
Die einzelnen Gruppen tragen ihre Ergänzung der Geschichte vor.
Abschließend wird abgestimmt, welche Gruppe die eindrucksvollsten Patterns komponiert hat.

Weiterführung
Die Schüler schreiben ein eigenes Rhythmical zu einem anderen Thema.

Differenzierung
Die Patterns entsprechen unterschiedlichen Niveaustufen:
- Schwäbische Schupfnudeln – leicht
- Spaghetti – leicht
- Makkaroni – mittel
- Tortellini – mittel
- klebrige Eiernudeln – schwierig
- Tagliatelle – schwierig

Nachts im Supermarkt – die Geschichte

Christina M. Stahl

Mit lautem Getöse ließ der Direktor das Rolltor hinunter. Es war nun stockdunkel im Supermarkt – vor Montagmorgen würde niemand mehr zwischen den Regalen herumlaufen und nach Lebensmitteln suchen. Doch vorne, links unten im Regal, in der Nähe der Kassen hörte man ganz leise ein Kichern. Wenn man genau hinhörte, konnte man sogar verstehen, worüber da gekichert wurde:

[Notenbeispiel: Wir sind die kle-bri-gen Ei-er-nu-deln.]

„Ruhe!", tönte es ganz tief aus der anderen Ecke des Nudelregals. „Ich will endlich meine Ruhe!" Unruhig drehte sich ein italienischer Tortellino von der einen Seite auf die andere. Er wollte endlich schlafen, nach dem ganzen Stress der letzten Tage. Doch die klebrigen Eiernudeln ließen sich davon nicht beeindrucken. Sie rappten einfach leise weiter. „Verdammt, der Tortellino hat recht!", schimpfte es einige Reihen weiter. Auch die Makkaroni hatten die Nase voll von all dem Gegackere und wollten sich einfach nur ausruhen. Den ganzen Tag über gut auszusehen – das konnte ganz schön anstrengend sein. Leise murmelten sie:

[Notenbeispiel: Mak-ka-ro-ni sind zwar hohl schme-cken a-ber doch sehr wohl.]

„Ach, stellt euch nicht so an!", riefen die frischen Tagliatelle. „Was sollen wir sagen? Wir schwitzen jeden Tag bei diesem Neonlicht unter einer Frischhaltefolie. Jetzt endlich könnten wir mal Luft holen." Mit geballter Kraft stemmten drei kräftige Tagliatelle die Frischhaltefolie zur Seite und stimmten einen Rhythmus an, den die anderen Tagliatelle bald aufgriffen:

[Notenbeispiel: Fri-sche Tag-lia-tel-le sind ein Traum! Rie-chen wun-der-bar in je-dem Raum.]

„Na, was soll das denn?", fragte der Tortellino. „Ihr könnt froh sein, dass ihr nicht gekauft wurdet. Genießt eure letzten Stunden in dieser herrlichen Ruhe!" Die anderen Tortellini stimmten ein:

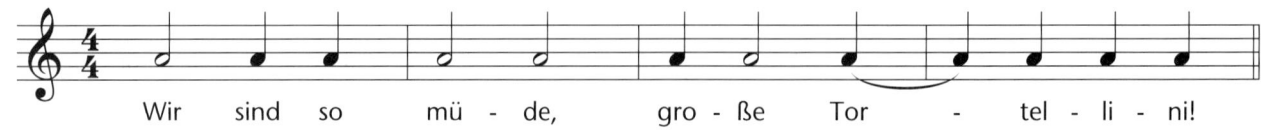

[Notenbeispiel: Wir sind so mü-de, gro-ße Tor-tel-li-ni!]

„Ach – ihr seid doch alle italienische Spielverderber", riefen die schwäbischen Schupfnudeln. Sie freuten sich, nach Ladenschluss endlich wieder unbeschwert atmen zu können:

[Notenbeispiel: Klein und rund, kern-ge-sund, müs-sen wir end-lich wie-der an die Luft!]

„Ts – was ist denn hier los?" Die Spaghetti konnten den Unfug nicht fassen, den die anderen Bewohner des Nudelregals anstellten.

[Notenbeispiel: Völ-lig sym-me-trisch, fast ma-jes-tä-tisch sind die Spa-ghet-ti.]

„Macht hier denn jeder, was er will?", schimpften die Spaghetti. Unmutig schauten sich die Nudeln untereinander an. „Nur weil ihr aus Hartweizengrieß seid, müsst ihr euch hier nicht so aufspielen!", riefen die schwäbischen Schupfnudeln. „Auch Nudeln aus Hirse, Kartoffeln oder Reis sind echte Nudeln!" Der Kampf um die Vorherrschaft im Nudelregal geriet aus den Fugen: Wer war die beste Nudel? Welche Nudel konnte am besten rappen? Die Nudeln berieten sich und traten in einen Wettstreit. Dabei …

AB 2

Nachts im Supermarkt

AUFGABEN

1. Schreibt die Geschichte in eurem Musikheft weiter: Was passiert mit eurer Nudelsorte?

2. Komponiert kurze Patterns (rhythmische Strukturen) mit Synkopen, in denen eure Nudelsorte ihren Unmut gegen den Übermut der Spaghetti zum Ausdruck bringt.

Nudelsorte: _____

Tipps für die richtige Notation
Teilt euch die Arbeit auf:
1. Einer von euch klopft den Grundrhythmus 4/4-Takt (unteres System) gleichmäßig auf dem Oberschenkel.
2. Einer von euch nimmt den Rhythmus auf und spricht das Pattern deutlich und passend zum Rhythmus.
3. Der Rest eurer Gruppe markiert zunächst mit einem Strich im oberen System, wann die gesprochenen Silben anfangen. Denkt daran, dass die Striche sehr genau gesetzt sein müssen.
4. Wenn die Striche an den richtigen Stellen in der Partitur gesetzt sind, könnt ihr die Notenköpfe und Fähnchen ergänzen. Schreibt zum Schluss den Text dazu.

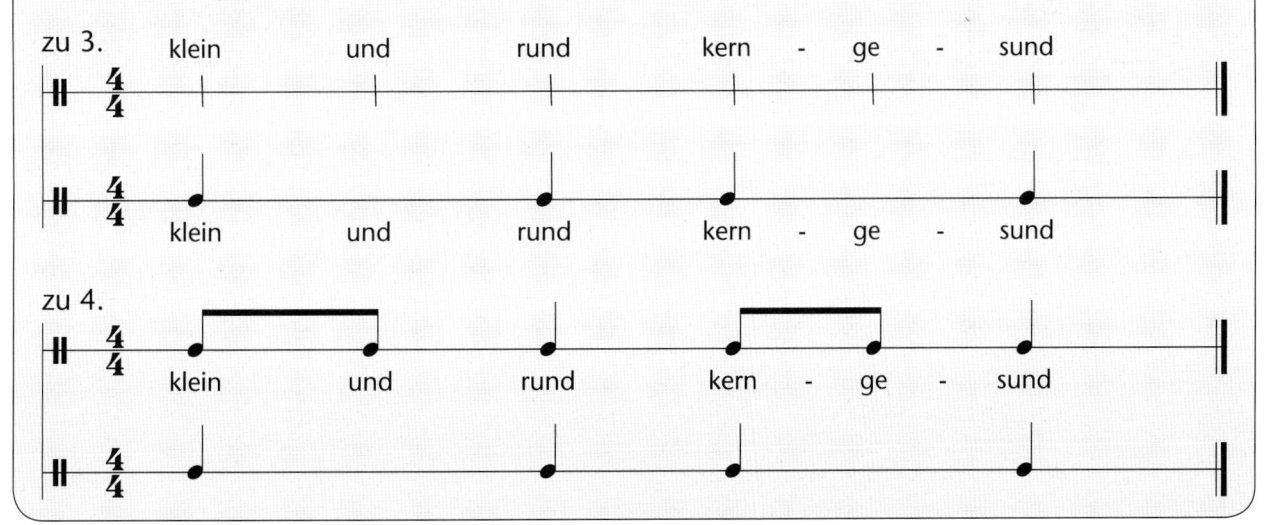

zu 3. klein   und   rund   kern - ge - sund

zu 4. klein   und   rund   kern - ge - sund

1. PRODUKTION: MUSIK REALISIEREN UND ENTWERFEN

1.6 Mit der Bahn unterwegs – die eigene Stimme entdecken

Kompetenzen
Die Schüler knüpfen an Vorerfahrungen im Umgang mit ihrer Stimme an. Sie üben und reflektieren den Einsatz der eigenen Stimme.

Voraussetzungen
In der Regel haben die Schüler bereits in der Grund- oder Musikschule erste Erfahrungen mit der eigenen Stimme sammeln können. Auf diese sollte zurückgegriffen werden. Um an diese Erfahrungen in der Stunde anknüpfen zu können, wird die Bearbeitung des Lückentextes als vorbereitende Hausaufgabe gegeben.

Material und Vorbereitungstipps
- AB 1 (vorbereitende Hausaufgabe) als Kopien
- AB 2 als Kopien
- Gruppenpuzzle:
  Je nach Struktur der Klasse werden mindestens vier Basisgruppen (A1, A2, A3, A4; ggf. A5 = A1, A6 = A2, A7 = A3, A8 = A4) gebildet, mit jeweils mindestens vier Gruppenmitgliedern. Aus jeder dieser Gruppen wird jeweils ein Mitglied in die Expertengruppe entsendet (B1 = ein Schüler aus A1, ein Schüler aus A2, ein Schüler aus A3 usw.).

Motivation
Ein Schüler liest die Hausaufgabe (der ausgefüllte Lückentext auf AB 1) vor, während gleichzeitig die Auswahlwörter in der richtigen Reihenfolge an der Tafel festgehalten werden.
Lösung: Stimme, singen, Luft, Zwerchfell, Lunge, Stimmlippen, tiefer, Mund, Zunge, Klang

Erarbeitung 1
Es werden mindestens vier Basisgruppen mit jeweils mindestens vier Gruppenmitgliedern gebildet. Die Schüler bearbeiten in den Basisgruppen Aufgabe 1 (AB 2).

Erarbeitung 2
Die Schüler bilden Expertengruppen. In diesen Expertengruppen bearbeiten sie Aufgabe 2 (AB 2). Dabei erfolgt die Sicherung der Ergebnisse aus der ersten Erarbeitungsphase.

Sicherung
Die Schüler „musizieren" gemeinsam im Klassenverband die Klanggeschichte (AB 2, Aufgabe 3). Dabei sollen sie bewusst auf die Klangerzeugung achten (Hinweis notwendig).

Weiterführung
Die Schüler verfassen eine eigene Klanggeschichte.

Differenzierung
Die Beschreibung der Klangerzeugung entspricht unterschiedlichen Schwierigkeitsstufen:
- Gruppe 1 – vornehmlich Rachenlaute
- Gruppe 2 – Luftzufuhr und Stimmlippenspannung
- Gruppe 3 – Luftzufuhr und Stimmlippenspannung
- Gruppe 4 – überwiegend Luftbrechungen

Mit der Bahn unterwegs – Vorbereitung

AUFGABE

Lies zunächst den gesamten Lückentext sowie die vorgegebenen Auswahlwörter.
Setze dann die Auswahlwörter passend in den Lückentext ein.

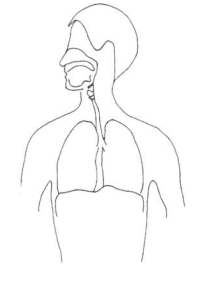

> Klang   Luft   Lunge   Mund   singen
>
> Stimme   Stimmlippen   Zunge   Zwerchfell   tiefer

Unsere Stimme – ein Ton entsteht

Unsere _____ ist ein vielseitiges Instrument. Wir können leise sprechen, _____, brummen, flüstern oder schreien … Wenn wir unsere Stimme benutzen, ist der ganze Körper beteiligt. Die nötige _____ liefert das Atemorgan: Mithilfe des _____ strömt Luft aus der _____ durch die Luftröhre zum

5 Kehlkopf. Im Inneren des Kehlkopfes liegen die _____, die die Luftröhre bis auf eine winzige Lücke verschließen können. Zudem können sie durch die Luft in Schwingung versetzt werden. Sie erzeugen dann eine Schallwelle, die wir als Ton wahrnehmen. Diese Schallwelle besteht aus vielen kleinen Schichten dichter und nicht so dichter Luft. Je stärker die Stimmlippen gespannt sind, desto schneller schwingen sie und desto höher ist der Ton. Je entspannter die Stimmlippen sind, desto langsamer

10 schwingen sie und desto _____ ist der Ton. Sind die Stimmlippen ganz entspannt, entsteht kein Ton, weil die Luft ungehindert durch den Kehlkopf gelangen kann. Mit _____, Rachen, _____ und Nasenhöhle können wir den _____ eines Tones verändern.

1. PRODUKTION: MUSIK REALISIEREN UND ENTWERFEN

AB 2 (1)

Mit der Bahn unterwegs

AUFGABEN

1. Probiert die hier für eure Basisgruppe vorgegebenen Klänge aus. Kennzeichnet in der Abbildung, wo die Klänge zu spüren sind, und erklärt, wie diese Klänge entstehen.

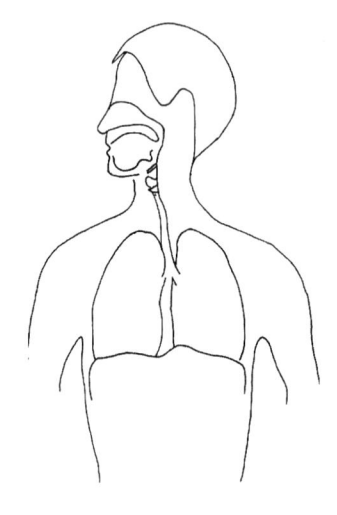

Gruppe A1	Beschreibung		Gruppe A2	Beschreibung
schnarchen			rufen	
gähnen			sprechen	
knurren			flüstern	
seufzen			murmeln	

Gruppe A3	Beschreibung		Gruppe A4	Beschreibung
singen (tief)			kichern	
			zischen	
singen (hoch)			pfeifen	
			rattern	

2. Geht nun in die Expertengruppen und erklärt euch gegenseitig, wie die einzelnen Klänge entstehen.

AB 2 (2)

3. Spielt die Geschichte „Mit der Bahn unterwegs" nach.
Achtet dabei bewusst auf die Klangerzeugung.

chrrr – chr – chr – chr	Wie alte Walrösser schnarchte die kleine Reisegruppe im Wartesaal auf Gleis 8 vor sich hin. Plötzlich schreckten alle hoch – ein gellender Pfiff ertönte:
pfiff	Und mit einem Mal waren sie wach. Schnell suchten sie ihre sieben Sachen zusammen und rannten aus dem Warteraum, raus auf den Bahnsteig, rein in den Zug. Völlig außer Atem erreichten sie ihr Abteil, setzten sich und seufzten alle gemeinsam mehrmals:
seufzen	Über drei Stunden hatte der Zug nun Verspätung – kein Wunder, dass sie da eingeschlafen waren …
„Die Fahrkarten, bitte!",	riefen die Schaffner aus der Ferne. Unter dem Sitz bewegte sich etwas und knurrte:
knurren	
„Mein Waldi mag die Schaffner nicht",	flüsterte eine ältere Dame entschuldigend.
„Ich auch nicht",	sagte ein junger Typ auf der anderen Seite.
„Genauso wenig wie kleine Kinder",	murmelte er. Er meinte wohl die kleinen Jungen, die am Fenster standen und jeden vorbeifliegenden Baum mit Zischen kommentierten:
zischen	Danach kicherten sie wie wild:
kichern	Die Schaffner kamen und sangen in den höchsten Tönen:
„Die Fahrkarten, bitte!"	Dann räusperten sie sich und wiederholten ganz tief:
„Die Fahrkarten, bitte!"	Danach gähnten auch sie müde:
gähnen	Sie scannten die Fahrkarten und schlossen die Tür. Im Abteil wurde es ruhig. Man hörte nur das leise Rattern der Räder auf den Schienen:
rattern	Das war so beruhigend, dass die Gäste des Abteils wieder einschliefen und in lautes Schnarchen verfielen:
schnarchen	…

1. Produktion: Musik realisieren und entwerfen

LÖSUNG

Mit der Bahn unterwegs

Lösung zu AB 1

Unsere _Stimme_ ist ein vielseitiges Instrument. Wir können leise sprechen, _singen_, brummen, flüstern oder schreien ... Wenn wir unsere Stimme benutzen, ist der ganze Körper beteiligt. Die nötige _Luft_ liefert das Atemorgan: Mithilfe des _Zwerchfells_ strömt Luft aus der _Lunge_ durch die Luftröhre zum Kehlkopf. Im Inneren des Kehlkopfes liegen die _Stimmlippen_, die die Luftröhre bis auf eine winzige Lücke verschließen können. Zudem können sie durch die Luft in Schwingung versetzt werden. Sie erzeugen dann eine Schallwelle, die wir als Ton wahrnehmen. Diese Schallwelle besteht aus vielen kleinen Schichten dichter und nicht so dichter Luft. Je stärker die Stimmlippen gespannt sind, desto schneller schwingen sie und desto höher ist der Ton. Je entspannter die Stimmlippen sind, desto langsamer schwingen sie und desto _tiefer_ ist der Ton. Sind die Stimmlippen ganz entspannt, entsteht kein Ton, weil die Luft ungehindert durch den Kehlkopf gelangen kann. Mit _Mund_, Rachen, _Zunge_ und Nasenhöhle können wir den _Klang_ eines Tones verändern.

Mögliche Lösung zu AB 2 (Aufgaben 1 und 2)

Gruppe A1	Beschreibung
schnarchen	Gaumen bewegt sich beim Einatmen
gähnen	Kehlkopf fast geöffnet, Mund weit, viel Luft
knurren	Gaumen hart, Kehlkopf weit
seufzen	Kehlkopf angespannt, viel Luft

Gruppe A2	Beschreibung
rufen	viel Luft, Zwerchfell angespannt, lautes Sprechen
sprechen	Kehlkopf lässt Luft durch, Mund (Lippen, Gaumen, Zunge) formt Laute
flüstern	wie sprechen, aber weniger Luft
murmeln	Mund (Lippen, Gaumen, Zunge) wird kaum bewegt, sonst wie sprechen

Gruppe A3	Beschreibung
singen (tief)	Luft durch Kehlkopf, eher im Kopf zu hören
singen (hoch)	Luft durch Kehlkopf, eher im Hals zu spüren

Gruppe A4	Beschreibung
kichern	Luft bei angespanntem Kehlkopf (hoher Ton), Ton in Wellen ausgesprochen
zischen	Luft bei geöffnetem Kehlkopf, Lippen und Zunge
pfeifen	Luft bei geöffnetem Kehlkopf, Lippen
rattern	Luft bei angespanntem Kehlkopf (Ton), Gaumen und Zunge

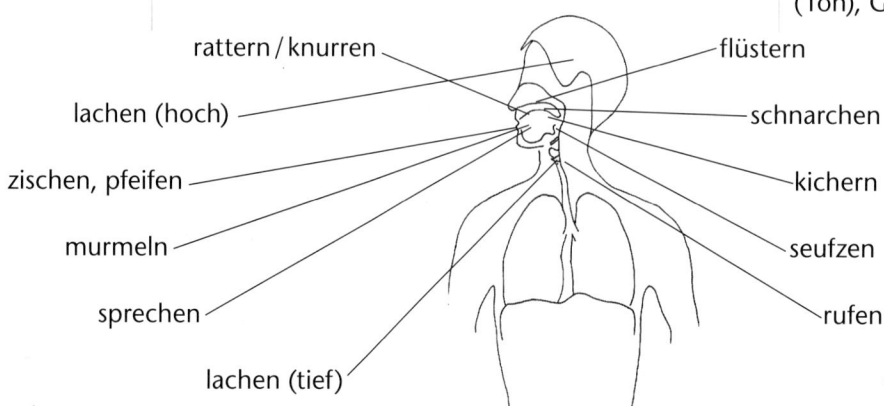

Beschriftungen am Körper:
- rattern / knurren
- lachen (hoch)
- zischen, pfeifen
- murmeln
- sprechen
- lachen (tief)
- flüstern
- schnarchen
- kichern
- seufzen
- rufen

1. PRODUKTION: MUSIK REALISIEREN UND ENTWERFEN

2.1 Die Geschichte von den Tieren und dem Apfelbaum – Motive erfinden

Kompetenzen
Die Schüler komponieren nach charakteristischen Merkmalen von Tieren (Aussehen, Bewegung, Laute) eigene musikalische Motive und musizieren sie.

Voraussetzungen
- Die Schüler können den Violinschlüssel sicher anwenden.
- Die Schüler sind mit dem Glockenspiel vertraut.
- Die Schüler wissen, was ein musikalisches Motiv ist.
- Für die weiterführende Aufgabe (Schon fertig?): Die Schüler kennen Sequenz, Augmentation, Diminution und Krebs.

Material und Vorbereitungstipps
- AB 1 und AB 2 als Kopien
- AB 2 als Folie
- Glockenspiele
- Die Schüler werden in sechs Gruppen (Herr Hase, Frau Hase, Herr Elefant, Frau Elefant, Herr Vogel, Frau Vogel) eingeteilt.

Motivation
Ein Schüler liest die Geschichte von den Tieren und dem Apfelbaum (AB 1) laut vor.
Anschließend werden im Unterrichtsgespräch einzelne Aufgaben von AB 2 anhand eines Beispiels (Katze) erarbeitet. Die Ergebnisse werden auf der Folie festgehalten.

Erarbeitung
Die Schüler werden in sechs Gruppen eingeteilt, jeder Gruppe wird ein Tier zugeordnet. Die Gruppen bearbeiten die Aufgaben auf AB 2 entsprechend des zugeordneten Tieres.

Sicherung
Die Ergebnisse der Gruppenarbeitsphase werden miteinander verglichen.
Der Vergleich kann entweder im Klassenverband erfolgen, oder aber die einzelnen Gruppen vergleichen ihre Ergebnisse untereinander.
Tipp: Es bietet sich vor allem auch die Gegenüberstellung Herr Hase – Frau Hase, Herr Elefant – Frau Elefant, Herr Vogel – Frau Vogel an.

Vertiefung
Weiterführende Aufgabe (Schon fertig?): Transposition des Motivs (AB 2)

Alternativen
- Sollten andere Instrumente zur Verfügung stehen, können die Motive auch auf diesen musiziert werden.
- Die Geschichte kann um weitere Tiere erweitert werden, entsprechend können weitere Motive hinzukomponiert werden.

Weiterführung
Die Geschichte wird vom Lehrer bzw. einem Schüler vorgetragen. Die Namen der Tiere werden dabei ausgelassen und von den Schülern durch die musizierten Motive ersetzt.

Mögliche Lösung

Katze
- Lage (Tonhöhe) — Mittellage
- Rhythmus (Notenwerte) — punktierte Notenwerte
- Tonsprünge / Tonschritte — beides möglich, Katzen können springen und laufen

Frau Elefant
- Lage (Tonhöhe) — tiefe Lage, vielleicht mit „Kiekern"
- Rhythmus (Notenwerte) — lange Notenwerte, Elefanten bewegen sich langsam
- Tonsprünge / Tonschritte — Tonschritte, Elefanten hüpfen nicht

Herr Elefant
- Lage (Tonhöhe) — tiefe Lage
- Rhythmus (Notenwerte) — lange Notenwerte, Elefanten bewegen sich langsam
- Tonsprünge / Tonschritte — Tonschritte, Elefanten hüpfen nicht

Frau Hase
- Lage (Tonhöhe) — Mittellage, vielleicht mit „Kiekern"
- Rhythmus (Notenwerte) — punktierte Notenwerte, Viertel-/Achtelnoten
- Tonsprünge / Tonschritte — Tonsprünge, Hasen hüpfen

Herr Hase
- Lage (Tonhöhe) — Mittellage
- Rhythmus (Notenwerte) — punktierte Notenwerte, Viertel-/Achtelnoten
- Tonsprünge / Tonschritte — Tonsprünge, Hasen hüpfen

Frau Vogel
- Lage (Tonhöhe) — hohe Lage, vielleicht mit Tremolo (Begriff ist den S unbekannt)
- Rhythmus (Notenwerte) — längere Notenwerte, Viertelnoten, halbe Noten, „schweben"
- Tonsprünge / Tonschritte — Tonschritte (glissando; Begriff ist den S unbekannt), fliegen

Herr Vogel
- Lage (Tonhöhe) — hohe Lage
- Rhythmus (Notenwerte) — längere Notenwerte, Viertelnoten, halbe Noten, „schweben"
- Tonsprünge / Tonschritte — Tonschritte (glissando; Begriff ist den S unbekannt), fliegen

Die Geschichte von den Tieren und dem Apfelbaum

Frau Katze, Herr Vogel und Frau Vogel, Herr Hase und Frau Hase sowie Herr Elefant und Frau Elefant waren (eigentlich) sehr gut befreundet. Als die Tiere von einem wunderbaren Apfelbaum hörten, der nie aufhörte, Früchte zu tragen, beauftragten sie Herrn Vogel und Frau Vogel, einen Ableger zu holen: Die beiden konnten schließlich fliegen. Nach einer
5 Woche kehrten sie zurück. Herr Hase und Frau Hase wussten, wie man Bäume pflanzt, daher übernahmen sie diese Aufgabe. Frau Katze kannte die leckeren Früchte dieses Baumes bereits und setzte so alles daran, das Wachstum des Baumes zu fördern. Sie düngte ihn regelmäßig. Auch Herr Elefant und Frau Elefant wollten bald Äpfel ernten, deshalb begossen sie das Bäumchen mit ihren Rüsseln.

10 Durch die gemeinsame Pflege wuchs der Baum schnell. Seine Früchte allerdings wuchsen nur in der Baumkrone. Für Herrn Vogel und Frau Vogel war das kein Problem. Sie flogen einfach zu den leckeren Früchten in der Baumkrone. Herr Elefant und Frau Elefant konnten mit ihren Rüsseln bequem an die Äpfel kommen und Frau Katze kletterte geschickt an dem Baumstamm nach oben. Einzig Herr Hase und Frau Hase hatten das Nachsehen: Sie
15 konnten zwar hoch hüpfen, aber nicht so hoch, dass sie an die Äpfel kamen. Sie schauten verzweifelt nach oben, zu den leckeren Früchten, leckten sich die Näschen und hoppelten ratlos hin und her.

Der Baum wuchs und wuchs. Eines Tages erreichte selbst Herr Elefant die Äpfel nicht mehr. So begann der Streit zwischen den Freunden: Frau Elefant, Herr Hase und Frau
20 Hase verbündeten sich gegen Herrn Vogel und Frau Vogel sowie Frau Katze. „Diese Ungerechtigkeit dulden wir nicht länger! Nur ihr könnt Äpfel ernten und wir bekommen nichts mehr, weil der Baum zu hoch für uns ist!" Herr Hase und Frau Hase fügten noch hinzu: „Abgesehen von ein paar herabgefallenen Blättern haben wir noch nie etwas von diesem Baum erhalten!" „Jetzt mal mit der Ruhe!", mischte sich Herr Elefant ein. „Jeder hat
25 es verdient, von den Früchten zu essen! Denkt darüber nach, auf welche Weise alle von den Früchten satt werden können!" Die Tiere berieten sich und fanden eine gute Lösung: Herr Elefant sollte sich unter den Baum stellen, Frau Elefant direkt daneben. Herr Hase sollte auf den Rücken von Herrn Elefant und Frau Hase auf den Rücken von Frau Elefant klettern. Frau Katze sollte auf den Rücken von Herrn Hase klettern. Herr Vogel und Frau
30 Vogel pflückten nun abwechselnd Äpfel und gaben sie Frau Katze, die sie dann an die anderen Tiere unter ihr übergab. Auf diese Weise lernten die sieben Freunde in absoluter Harmonie die delikaten Früchte eines wunderbaren Baumes zu ernten und zu verzehren.

FOLIE / AB 2

Die Geschichte von den Tieren und dem Apfelbaum

Tier: _____

Aufgaben

1. Beschreibt euer Tier: Wie sieht es aus? Wie bewegt es sich?

_____

_____

2. Überlegt nun gemeinsam, wie ihr diese Beschreibung musikalisch darstellen könnt:

- Lage (Tonhöhe): _____

- Rhythmus (Notenwerte): _____

- Tonsprünge / Tonschritte: _____

3. Komponiert mit dem Glockenspiel ein Motiv, das charakteristisch für euer Tier ist.

4. Notiert nun das Motiv genau so, wie ihr es gespielt habt.
   Denkt daran, die Notenköpfe richtig zu malen, und überprüft, ob ihr die Taktart richtig gewählt habt.

5. Vergleicht euer Motiv mit den Motiven anderer Gruppen bzw. Tiere und benennt Gemeinsamkeiten und Unterschiede.

Schon fertig?

Bildet zu eurem Motiv die Sequenz, die Augmentation, die Diminution und einen Krebs.

Sequenz
(einen Ton höher)

Augmentation
(doppelte Notenwerte)

Diminution
(halbe Notenwerte)

Krebs
(von hinten nach vorne)

2. Reflexion: Musik erläutern und beurteilen

2.2 Form in der Musik – die Ritornellform erkennen

Kompetenzen
Die Schüler erkennen hörend und lesend die grundlegende musikalische Form des Ritornells und setzen sie in Bewegung um.

Voraussetzungen
- Die Schüler können konzentriert zuhören.
- Die Schüler können einen Notentext verfolgen.

Material und Vorbereitungstipps
- AB als Kopien
- CD („Sternstunden Musik 5/6", Track 8), CD-Player
- Kiste mit einem Tuch, einem Radiergummi, einer Büroklammer, einem Kugelschreiber, einer Tesa-Rolle; Tuch zum Abdecken der Kiste

Motivation
- Vier Schüler ertasten nacheinander einen Gegenstand in der Kiste. Die Schüler beschreiben den Gegenstand ihren Mitschülern. Sie dürfen den Gegenstand weder aus der Kiste herausnehmen noch den Namen des Gegenstands nennen. Die Mitschüler erraten, um welchen Gegenstand es sich handelt.
- Lehrer: „Warum wissen wir anhand der Beschreibung, was xy in der Hand hatte?"
  Schüler: „Wir kennen die Form."
  Lehrer: „Auch in der Musik gibt es Formen, die man jedoch nicht ertasten kann, sondern ‚erhören' muss."

Erarbeitung
Der Lehrer spielt das Ritornell ab (CD, Track 8). Die Schüler laufen dabei kreuz und quer durch das Klassenzimmer und grüßen sich gegenseitig majestätisch im berühmten Ritornell-Teil (1–8, 17–25, 33–Ende). Dabei zählen sie, wie oft sie grüßen.

Nach dem ersten Durchgang wird für jedes Grüßen ein A (mit etwas Abstand) an die Tafel geschrieben. Der Lehrer erklärt, dass dieser Teil Ritornell genannt wird.
Beim nächsten Durchgang sollen die Schüler genau auf die Zwischenteile (Couplets) hören und eine zu diesen Teilen passende Bewegung machen. Dabei sollten die Schüler erkennen, dass die Couplets verschieden sind.
An der Tafel werden die Buchstaben B und C eingefügt:

A – B – A – C – A = Ritornellform
Ritornell – Couplet – Ritornell – Couplet – Ritornell

Sicherung
Die Schüler markieren auf dem AB die Formteile des Ritornells farbig (vgl. Aufgabe, A = rot, B = grün, C = blau).

Weiterführung
- Es werden weitere musikalische Formen thematisiert: dreiteilige Liedform, Kanon, Rondo usw.
- Die Schüler musizieren das Werk.
- Die Schüler erstellen selbst ein Ritornell (z.B. mit Gegenständen).

Lösung
A (rot): 1–8
B (grün): 9–16
A (rot): 17–25
C (blau): 26–32
A (rot): 33–Ende

Die Ritornellform

AUFGABE

Markiere in den Noten die Formteile des Ritornells: A = rot, B = grün, C = blau
Bedenke, dass alle Stimmen, die bei dem jeweiligen Formteil spielen, gekennzeichnet werden müssen.

Marc-Antoine Charpentier

2. REFLEXION: MUSIK ERLÄUTERN UND BEURTEILEN

AB (2)

2.3 Musikalische Zoologie – „La Poule" von Jean-Philippe Rameau

Kompetenzen
Die Schüler verbalisieren ihre Höreindrücke.

Voraussetzungen
- Die Schüler können sich auf das assoziative und analytische Hören von Musik konzentrieren.
- Die Schüler verfügen über grundlegende Kenntnisse im Notenlesen.

Material und Vorbereitungstipps
- AB als Kopien
- CD („Sternstunden Musik 5/6", Tracks 9–12), CD-Player
- Die Schüler werden in einzelne Gruppen eingeteilt.

Motivation
- Der Lehrer spielt das Stück „La Poule" (Tracks 9–12) ab. Die Schüler bearbeiten Aufgabe 1 (AB), während sie das Stück hören. Anschließend werden die Ergebnisse im Unterrichtsgespräch besprochen.
- Lehrer: „In diesem Klavierstück ist ein Tier dargestellt. Erläutert, welches Tier das sein könnte."
Die Schüler stellen Vermutungen an (z. B. Huhn, Hahn, Ente, Ziege, Hase, Maus, Katze) und begründen ihre Vermutung mithilfe ihres Höreindrucks bzw. der angekreuzten Adjektive (z. B. hektisch, aufsteigend, hüpfend, bunt, kräftig).
Anmerkung: Die Assoziationen können sehr weitläufig sein. Je größer die Unterschiede zwischen den Tieren sind, desto lebhafter wird die Abschlussdiskussion. Allerdings wird die Beweisführung anhand der Noten und des konzentrierten Hörens schwieriger.

Erarbeitung
Die Schüler werden in Gruppen eingeteilt: Die Schüler, die in dem Stück eine Ziege erkannt haben, bilden die Gruppe „Ziege", die die in dem Stück ein Huhn erkannt haben, bilden die Gruppe „Huhn" usw.
Der Lehrer spielt das Stück „La Poule" erneut ab. Die Schüler bearbeiten die Aufgaben 2 und 3 (AB).

Sicherung
Die Ergebnisse werden im Unterrichtsgespräch besprochen. Mithilfe der Beschreibung des Höreindrucks sowie der Partituranalyse wird herausgearbeitet, dass es sich in dem Stück um ein Huhn handelt:
Die Tonrepetition auf den fünf Achtelnoten und die Figur aus dem aufsteigenden G-Dur-Akkord entsprechen dem Laut eines Huhns. In Takt 3 setzen mit dem „pok-pok-pok" weitere Hühner ein. Im zweiten Notenbeispiel wird der lebendige Hühnerhof dargestellt. Durch die Sechzehntelbewegung mit den Trillern wird die Aufregung deutlich. Für eine Ente ist das Stück zu schnell, für eine Ziege spricht nur das Meckern im zweiten Notenbeispiel usw.

Differenzierung
Die Schüler nehmen (fiktiv) Kontakt zu dem Komponisten Jean-Philippe Rameau auf. Sie verfassen einen Brief, in dem sie dem Komponisten erklären, warum sie das Klavierstück mögen bzw. warum sie es nicht mögen (AB, weiterführende Aufgabe „Schon fertig?"). Die Partiturarbeit kann auf den ersten Abschnitt reduziert werden.

AB (1)

Jean-Philippe Rameau: „La Poule"

AUFGABEN

1. Kreuze an, welche Adjektive auf das Stück „La Poule" von Jean-Philippe Rameau zutreffen.

Tempo	Tonhöhe	Rhythmus	Klangfarbe	Lautstärke
☐ hektisch	☐ mittel	☐ hüpfend	☐ bunt	☐ *piano*
☐ schleppend	☐ tief	☐ kämpferisch	☐ grell	☐ *forte*
☐ schwungvoll	☐ hoch	☐ kriechend	☐ dunkel	☐ kräftig
☐ schleichend	☐ aufsteigend	☐ andächtig	☐ blass	☐ matt
☐ langsam	☐ absteigend	☐ tänzerisch	☐ warm	☐ dröhnend
☐ schnell	☐ wechselnd	☐ zögerlich	☐ kalt	☐ gedämpft

2. Verfolgt beim Hören des Stücks die Noten. Markiert die Stellen, an denen sich das Klavier anhört wie das von euch ausgewählte Tier.

Jean-Philippe Rameau

3. Erklärt, warum euch die markierten Stellen an das von euch ausgewählte Tier erinnern. Notiert eure Erklärung in eurem Musikheft.

Schon fertig?

Lies den Lebenslauf von Jean-Philippe Rameau.
Verfasse anschließend einen Brief an den Komponisten, in dem du ihm erklärst, warum du sein Klavierstück magst bzw. warum du es nicht magst.

Lebenslauf von Jean-Philippe Rameau

Jean-Philippe Rameau wurde am 25. September 1683 in Dijon getauft. Schon während seiner Schulzeit komponierte und sang er viel, seinen Lebensunterhalt wollte er damit jedoch nicht verdienen. Schließlich aber wurde er – wie schon sein Vater – Organist. 1722 zog Rameau nach Paris, wo er später den Schriftsteller und Philosophen Voltaire kennenlernte, der das Libretto für Rameaus erste Oper „Samson" schrieb. Jean-Philippe Rameau wurde ein berühmter Komponist und Musiktheoretiker. Er verstarb am 12. September 1764 in Paris. „La Poule" aus den „Nouvelles Suites de Pièces de Clavecin" zählt zu seinen bekanntesten Klavierwerken.

Sehr geehrter Herr Rameau,

_____
_____
_____
_____
_____
_____
_____

Mit freundlichen Grüßen

_____

2.4 „Geschwind auf die Seite und versteckt!" – szenische Interpretation zu einer Szene aus „Die Entführung aus dem Serail" von Wolfgang Amadeus Mozart

Kompetenzen

Die Schüler stellen die Beziehungen zwischen den Opernfiguren und deren innere Verfassung in Standbildern dar. Sie erkennen die Figurenkonstellation, deuten das szenische Geschehen und bereiten die musikalische Interpretation vor.

Voraussetzungen

Die Schüler kennen die Handlung und die Struktur des ersten Aktes der Oper „Die Entführung aus dem Serail" in groben Zügen.

Material und Vorbereitungstipps

- großer Raum (ggf. mit Bühne)
- AB 1 als Folie (ggf. kann das Bild auch direkt unter http://commons.wikimedia.org/wiki/File:Henri_Mauperch%C3%A9_-_Landscape_with_Jephthah_and_his_Daughter_-_WGA14699.jpg farbig auf Folie ausgedruckt werden)
- AB 1 und AB 2 als Kopien
- Die Schüler werden in Gruppen mit je vier Gruppenmitgliedern eingeteilt.

Motivation

Der Lehrer legt die Folie (AB 1) auf und erteilt folgenden Arbeitsauftrag:

„Stellt euch vor, ihr wärt Opernsänger. Das, was ihr auf dem Bild seht, wäre die Kulisse, vor der ihr spielt. Hier sollt ihr jetzt die Inszenierung vorbereiten, indem ihr ein Standbild zu der Szene erstellt, in der Belmonte in Begleitung von Pedrillo Konstanze, die soeben von einer vergnüglichen Schifffahrt mit dem Bassa Selim zurückkehrt, zum ersten Mal seit Monaten wiedersieht. Pedrillo sagt zu Belmonte: „Herr, geschwind auf die Seite und versteckt! Der Bassa kommt." Unmittelbar danach entsteht euer Standbild. Das beste Standbild soll später dem Regisseur für seine Inszenierung angeboten werden. Denkt daran, dass

- Konstanze und Bassa Selim Pedrillo und Belmonte nicht sehen dürfen,
- die Gefühle der Figuren sichtbar werden müssen,
- die Beziehungen zwischen den Figuren deutlich werden müssen."

Erarbeitung

Die Schüler werden in Gruppen mit je vier Gruppenmitgliedern eingeteilt, in jeder Gruppe werden die vier Rollenkarten (AB 2) verteilt, anhand derer die Schüler ihre Position im Standbild zunächst in Einzelarbeit vorbereiten können.

Die Schüler, die dieselbe Rollenkarte erhalten haben und somit dieselbe Figur verkörpern, können sich gruppenübergreifend Hilfestellung geben.

Die Konstruktion der Standbilder erfolgt dann in der Gruppe. Als Requisiten können Tische und Stühle dienen (z. B. zwei Stühle mit einer Jacke über den Stuhllehnen als Andeutung für einen Busch).

Anmerkung: Ein Gruppenpuzzle bietet sich hier nicht an, da sonst die Standbilder sehr ähnlich ausfallen würden.

Sicherung

Es werden zwei Gruppen ausgewählt, die ihre Standbilder gleichzeitig auf den gegenüberliegenden Seiten des Klassenraums darstellen. Dadurch können sich auch die das Standbild darstellenden Schüler gegenseitig begutachten.

Die an den Standbildern nicht beteiligten Schüler deuten die aufgebauten Standbilder und überprüfen, ob die auf der Folie (AB 1) aufgelisteten Anforderungen umgesetzt wurden. Die das Standbild darstellenden Schüler dürfen anschließend ihre Beobachtungen ergänzen und korrigieren.

Alle Schüler wählen schließlich das Standbild, das dem Regisseur für die Inszenierung angeboten werden soll. Wichtig ist hierbei die Begründung.

Anschließend diskutieren die Schüler in einem freien Unterrichtsgespräch über eine geeignete Begleitmusik für diese Szene. Welche Begleitmusik gewählt wird, ist abhängig von der Perspektive auf das Geschehen: Wird das Geschehen aus der Sicht des Bassa Selim dargestellt, sollte eine fröhliche Komposition die Szene begleiten, aus Konstanzes Sicht eine traurige, aus Belmontes Sicht hingegen eine spannende Komposition.

Weiterführung

Besprechung des Chores „Singt dem großen Bassa Lieder" am Ende des ersten Aktes der Oper.

FOLIE / AB 1

Wolfgang Amadeus Mozart: „Die Entführung aus dem Serail"
Vorbereitung der Inszenierung

Anforderungen:
1. Konstanze und Bassa Selim dürfen Pedrillo und Belmonte nicht sehen.
2. Die Gefühle der Figuren müssen sichtbar werden.
3. Die Beziehungen zwischen den Figuren müssen deutlich werden.

Wolfgang Amadeus Mozart: „Die Entführung aus dem Serail"
Rollenkarten

Rollenkarte Bassa Selim

Du bist ein gebürtiger Spanier vornehmer Herkunft. Früher warst du Christ, nun bist du zum Islam übergetreten. Du hast Konstanze, Pedrillo und dessen Freundin Blonde, die gleichzeitig die Zofe Konstanzes ist, auf einem Sklavenmarkt gekauft. Du ermöglichst ihnen ein angenehmes Leben auf deinem Gut. Gleichzeitig bist du in Konstanze verliebt, hast aber noch mehrere andere Frauen. Du möchtest, dass Konstanze dich auch liebt, bist aber etwas ungeduldig, weil sie dich (noch) nicht liebt. Du verstehst nicht, warum sie dich, den Bassa Selim, nicht lieben und heiraten will.

Aufgaben

1. Lies deine Rollenkarte genau durch und überlege dir, wo du in eurem Standbild stehen solltest.
2. Überlege dir, welchen Gesichtsausdruck du in der darzustellenden Szene hast und mit welcher Geste du deine Verfassung zum Ausdruck bringen kannst.
3. Diskutiere mit deinen Gruppenmitgliedern, wie ihr das Standbild am besten aufbauen könnt. Denkt daran: In dem Standbild darf nicht gesprochen werden, es gibt keine Erklärungen!

Rollenkarte Belmonte

Du bist der Verlobte Konstanzes. Durch einen Brief, den dir dein Diener Pedrillo nach monatelanger, qualvoller Ungewissheit geschickt hat, weißt du nun endlich, dass Konstanze, Blonde und Pedrillo auf einem Schiff von Seeräubern überfallen und als Sklaven verkauft wurden. Du erfährst auch, dass die drei in einem Palast in der Türkei, in der Nähe des Meeres, gefangen gehalten werden. Du fährst dorthin, um die drei – vor allem aber Konstanze – zu retten. Du musst vorsichtig vorgehen, um das Leben der drei sowie dein eigenes nicht zu gefährden. Du hast aber bereits einen Plan, wie du die drei retten kannst.

Aufgaben

1. Lies deine Rollenkarte genau durch und überlege dir, wo du in eurem Standbild stehen solltest.
2. Überlege dir, welchen Gesichtsausdruck du in der darzustellenden Szene hast und mit welcher Geste du deine Verfassung zum Ausdruck bringen kannst.
3. Diskutiere mit deinen Gruppenmitgliedern, wie ihr das Standbild am besten aufbauen könnt. Denkt daran: In dem Standbild darf nicht gesprochen werden, es gibt keine Erklärungen!

Rollenkarte Konstanze

Du bist eine junge, hübsche Spanierin und gehörst der oberen Gesellschaftsschicht an. Du bist mit Belmonte verlobt und liebst ihn sehr. Gleichzeitig weißt du, dass der Bassa Selim, der dich auf einem Sklavenmarkt gekauft hat, unsterblich in dich verliebt ist und dich heiraten möchte. Du bist verzweifelt und weißt nicht mehr, wie du die Annäherungsversuche des Bassa Selim abweisen kannst. Gerade erst seid ihr von einem sehr schönen Ausflug auf einem Schiff zurückgekehrt – der Bassa Selim wollte dich damit aufheitern, was ihm aber nicht gelungen ist.

Aufgaben

1. Lies deine Rollenkarte genau durch und überlege dir, wo du in eurem Standbild stehen solltest.
2. Überlege dir, welchen Gesichtsausdruck du in der darzustellenden Szene hast und mit welcher Geste du deine Verfassung zum Ausdruck bringen kannst.
3. Diskutiere mit deinen Gruppenmitgliedern, wie ihr das Standbild am besten aufbauen könnt. Denkt daran: In dem Standbild darf nicht gesprochen werden, es gibt keine Erklärungen!

Rollenkarte Pedrillo

Du bist der treue Diener Belmontes, hast dich aber geschickt bei dem Bassa Selim beliebt gemacht. Du hast Belmonte einen Brief geschickt, in dem du euren Aufenthaltsort beschrieben hast, damit Belmonte euch retten kann. Du bist der Freund von Blonde, die die Zofe von Konstanze ist. Du bist froh, als Belmonte endlich im Garten des Palastes auftaucht. Du weißt, dass die Situation sehr gefährlich ist, und willst Belmonte beschützen. Gleichzeitig sehnst du die Flucht herbei. Du sagst kurz vor dem Standbild: „Geschwind auf die Seite und versteckt! Der Bassa kommt!"

Aufgaben

1. Lies deine Rollenkarte genau durch und überlege dir, wo du in eurem Standbild stehen solltest.
2. Überlege dir, welchen Gesichtsausdruck du in der darzustellenden Szene hast und mit welcher Geste du deine Verfassung zum Ausdruck bringen kannst.
3. Diskutiere mit deinen Gruppenmitgliedern, wie ihr das Standbild am besten aufbauen könnt. Denkt daran: In dem Standbild darf nicht gesprochen werden, es gibt keine Erklärungen!

3.1 Eine musikalische Weltreise – die Musikkultur eines anderen Landes entdecken (Doppelstunde)

Kompetenzen

Die Schüler setzen sich sowohl rezeptiv als auch produktiv mit einer fremden Kultur und außereuropäischen Musik auseinander. Sie beschreiben subjektive Höreindrücke, sie lernen ein neues Ordnungssystem kennen und sie realisieren eine vokale Komposition.

Voraussetzungen

- Die Schüler kennen sich mit europäischen Instrumenten aus.
- Die Schüler können zu einem Playback singen.
- Die Schüler sind mit den Noten bzw. mit dem Notenschreiben vertraut.

Hinweis

Die Doppelstunde kann in der hier vorgegebenen Form, d.h. separat, durchgeführt werden, sie kann aber auch Teil einer kompletten Unterrichtsreihe sein, in der die Schüler in fünf Doppelstunden fünf verschiedene Kulturkreise (mit Landeskunde, Kultur und Musik) kennenlernen.

Material und Vorbereitungstipps

- Reiseunterlagen AB 1 (Boardingpass) und AB 2 (Postkarte) als Kopien, jeweils zusammen in einem Umschlag
- AB für die Stationen 1–6 als Kopien (ggf. in einer Reisetasche bereitstellen), Station 5 muss auch in Klassenstärke vorliegen
- sechs möglichst weit auseinanderliegende, größere Tische, jeweils mit Kennzeichnung der Station
- Glockenspiel
- Computer mit Internetzugang (http://www.youtube.com/watch?v=zHPegoquV5I) oder Fernseher mit DVD-Player (falls das Video heruntergeladen und auf eine DVD gebrannt wurde)
- 2 Hörstationen mit Musikbeispielen (CD „Sternstunden Musik 5/6", Track 13 und 14/15)
- MP3-Player mit entsprechender Angabe der Titelnummer oder ggf. CD-Player
- Es muss sichergestellt werden, dass auch bei größerer Lautstärke im Klassenzimmer bzw. in der Umgebung das Musikbeispiel noch gut gehört werden kann.

Motivation

Jeder Schüler erhält einen Umschlag mit den Reiseunterlagen (AB 1, AB 2). Zunächst werden auf dem Boardingpass (AB 1) die persönlichen Angaben eingetragen. In dem Boardingpass (AB 1) halten die Schüler im Verlauf der Stunde wichtige Informationen der einzelnen Stationen fest.
Haben die Schüler den Boardingpass ausgefüllt, begeben sie sich zu dem Gepäck (Koffer oder Reisetasche). Dort entnehmen sie die benötigten Materialien und gehen dann an den entsprechenden Stationstisch, wo sie die Aufgaben bearbeiten. Die Schüler können dabei die Reihenfolge, in der sie die Stationen durchlaufen, frei wählen.

Erarbeitung

Die Schüler erarbeiten selbstständig anhand der einzelnen Stationen Land, Kultur und Musik Chinas und sammeln dabei Informationen für ihre Postkarte (AB 2).

Sicherung / Hausaufgabe

Die Schüler schreiben eine Postkarte (AB 2) an eine Person ihrer Wahl. Sie beschreiben, was sie auf ihrer Rundreise durch China erlebt haben. Sie sollten von jeder Station ihrer Reise berichten. Anschließend überprüft jeweils ein Mitschüler eine Postkarte eines anderen Mitschülers.

Weiterführung

- Die Postkarten können nacheinander vorgelesen oder in einem Museumsgang reflektiert werden.
- Als weitere Länder bieten sich vor allem an: USA, Indien, Australien, Italien, Argentinien, Russland

AB 1

Eine musikalische Weltreise – China 世界旅游

Boardingpass

Flugschein	Station 1	Station 2	Station 3	Station 4	Station 5	Datum _____
Name _____						Platz 3C
Vorname _____						Reservierung ja
MUS-Reisen						Boarding-time
Ziel China						Gate _____
Nr. 5.45.53						Abflugzeit _____
Abflugort _____						Ankunftszeit _____
Ziel: 世界旅游						non-smoking

Allgemeine Geschäftsbedingungen – Hinweise zu deiner Reise

1. Trage zunächst auf deinem Boardingpass deine persönlichen Angaben ein.
2. Checke ein. Nimm die Materialien für eine beliebige Station aus der Reisetasche und begib dich an den entsprechenden Stationstisch.
   Hast du die Aufgaben dieser Station bearbeitet, nimmst du dir die Materialien der nächsten Station aus der Reisetasche usw.
   Tipp: Du wählst deine Reiseroute selbst. Wähle immer die Station, an der es gerade nicht so voll ist.
3. Am Ende deiner Reise musst du unbedingt eine Postkarte an eine Person deiner Wahl schreiben. Berichte, was du auf deiner Rundreise durch China erlebt hast. Die nötigen Informationen hierfür liefern dir die einzelnen Stationen. Dir persönlich wichtige Informationen notierst du auf deinem Boardingpass. Wichtig ist, dass du von jeder Station deiner Reise berichtest.
   Tipp: Arbeite genau, da du nicht mehr zu einer bestimmten Station zurückreisen kannst.
4. Jede Station wird von mehreren Reiseteilnehmern besucht. Ihr dürft, wenn es sich anbietet, gerne zusammenarbeiten. Arbeitet aber so, dass niemand gestört wird.
5. Stelle alle technischen Geräte beim Verlassen der Station auf den Anfang zurück, damit die nachfolgenden Reisenden nur auf Start drücken müssen.

AB 2

Eine musikalische Weltreise – China 世界旅游
Postkarte

AUFGABEN

1. Gestalte die Vorderseite der Postkarte wie die chinesische Nationalflagge (roter Hintergrund, gelbe Sterne).
2. Knicke die Vorderseite der Postkarte an der gestrichelten Linie nach hinten und klebe Vorder- und Rückseite zusammen.

3. REZEPTION: MUSIK BESCHREIBEN, ANALYSIEREN UND DEUTEN

STATION 1

China 世界旅游 – Informationen zu Land und Leuten

Größe	9 572 419 km²
	China ist das viertgrößte und das bevölkerungsreichste Land der Erde.
Einwohner	1 325 716 000
Lage	

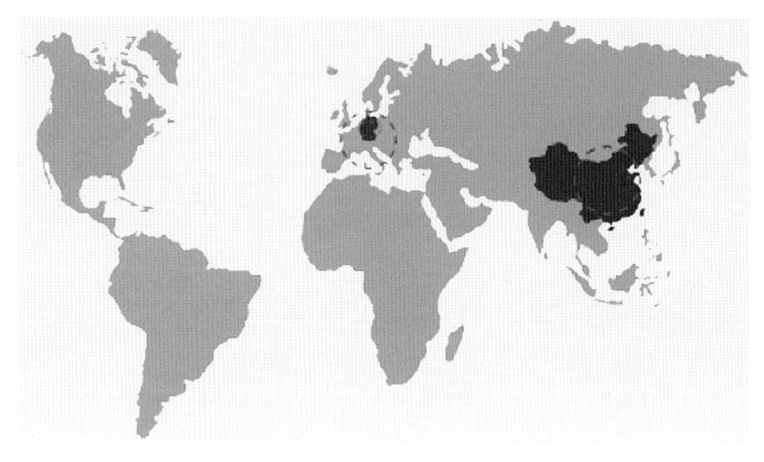

Hauptstadt Peking (chinesisch: 北京)

Sprache Chinesisch

Musik heißt auf Chinesisch: 音乐

Im Chinesischen ändert sich – anders als bei uns – die Bedeutung der Wörter je nach Aussprache.

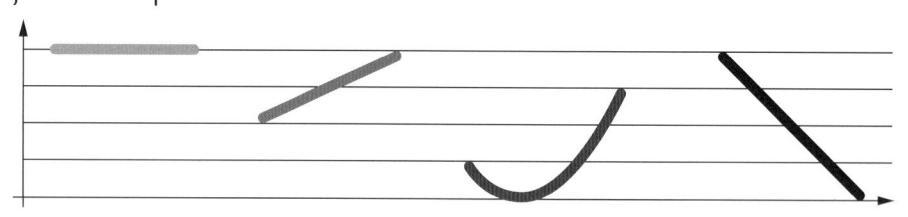

1. Ton	2. Ton	3. Ton	4. Ton
gleich bleibend	hoch steigend	tief fallend, steigend	scharf abfallend
妈, mā = Mutter	麻, má = Hanf	马, mǎ = Pferd	骂, mà = schimpfen

Währung Yuan

Besonderheiten Die Chinesische Mauer ist 21 196,18 Kilometer lang und das einzige Bauwerk der Erde, das vom Weltall aus gesehen werden kann.

Das Yin-Yang ist ein Zeichen aus der chinesischen Philosophie. Eine dunkle/schwarze (Yin) und eine helle/weiße Seite (Yang) sind in einem Kreis verbunden, d. h. sie ergänzen sich. Die beiden Seiten stehen für unterschiedliche Gegensatzpaare: Ruhe – Bewegung, weiblich – männlich, gut – böse, Mond – Sonne, Dunkelheit – Licht, Erde – Himmel. Die Philosophie dahinter ist, dass alles zusammenhängt und das Eine ohne das Andere nicht existieren kann. Jeder Mensch soll so leben, dass Yin und Yang im Gleichgewicht sind.

AUFGABE

Notiere Informationen, die dir persönlich wichtig sind, auf deinem Boardingpass unter Station 1.

STATION 2

China 世界旅游 – fremde Klänge aus fremden Ländern

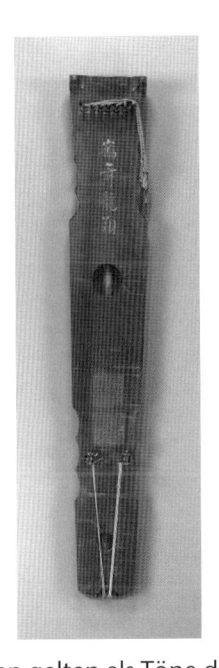

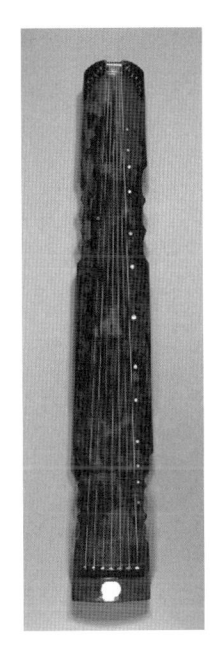

Chinesische Musik klingt für unsere Ohren eher fremd. Das liegt nicht nur an dem speziellen Tonsystem, sondern auch an den Instrumenten. Es gibt viele für uns fremde Schlag- und Blasinstrumente, besonders sticht die Qin oder Ch'in (gesprochen: T'chin)
5 heraus, die seit mehr als 3000 Jahren eingesetzt wird und sehr anspruchsvoll zu spielen ist.
Die Qin gehört zu den Griffbrettzithern. Im Gegensatz zu anderen chinesischen Zithern fehlen bei der Qin die Stege, die sonst unter die Saiten geschoben werden.
10 Die Qin ist ca. 120 cm lang, 15 cm breit und 5 cm hoch. Wird das Instrument gespielt, liegt das schmale Ende links und das breite Ende rechts vom Spielenden. In der Regel hat eine Qin sieben unterschiedlich dicke Saiten aus reiner Seide, die in den Tönen C, D, F, G, A, c, d – also pentatonisch – gestimmt sind. Einen Ton
15 erzeugt man, indem man mit der linken Hand eine Saite drückt, dadurch also verkürzt, und mit der rechten Hand die Saiten zupft. Auf dem Griffbrett befinden sich helle Punkte, damit der Spieler weiß, wo er die Saite herunterdrücken muss. Je nachdem wie man eine Qin-Saite spielt, ergeben sich unterschiedliche Töne: Leere Saiten gelten als Töne der Erde; gegriffene
20 Saiten als Töne des Menschen. Töne, die dadurch erzeugt werden, dass die gedämpften Saiten an den Schwingungsknotenpunkten nur berührt werden (Flageolett-Töne), gelten als Töne des Himmels. In den Qin-Noten wird daher nicht nur die Tonhöhe angegeben, sondern auch, wie die Töne erzeugt werden sollen, also mit welchem Finger von wo (nach innen oder nach außen) angeschlagen werden soll.

AUFGABEN

1. Höre dir das Musikbeispiel der Qin (Track 13) mehrfach an und überlege, wo und wann die Qin wohl gespielt wurde bzw. wird. Begründe deine Vermutung.
2. Notiere Informationen, die dir persönlich wichtig sind, bzw. Dinge, die du an dieser Station erfahren hast, auf deinem Boardingpass unter Station 2.

Station 3

China 世界旅游 – Musikdrama

Die Peking-Oper ist mit der Oper der westlichen Welt nicht zu vergleichen. Sie entwickelte sich aus den Jahrmarktauftritten fahrender Darsteller, die damals kaum Requisiten dabei hatten. Auch heute noch findet man nur selten Requisiten auf der Bühne einer chinesischen Oper.

Die zentralen Elemente der Peking-Oper sind viele Tänze, zahlreiche unterschiedliche Gesichtsausdrücke und besondere Hand- und Fußbewegungen, für die man sehr gelenkig sein muss. Jede dieser Bewegungen hat eine eigene Bedeutung, die zunächst mühevoll erlernt werden muss. Auch die Zuschauer müssen erst lernen, diese Bewegungen zu entschlüsseln. Vor einer Aufführung verbringen die Darsteller viel Zeit damit, ihren Körper zu schminken. Besonders das Gesicht wird aufwendig und bunt gestaltet. Meist werden Szenen dargestellt, die das Gute und das Böse zeigen. Häufig ist dies schon allein an den Kostümen und Masken erkennbar.

Aufgaben

1. Sieh dir das Video einer chinesischen Oper an und überlege, was in dieser Szene dargestellt sein könnte. Begründe deine Antwort.

    → http://www.youtube.com/watch?v=zHPegoquV5I

2. Notiere Informationen, die dir persönlich wichtig sind, bzw. Dinge, die du an dieser Station erfahren hast, auf deinem Boardingpass unter Station 3.

STATION 4

China 世界旅游 – Volksmusik aus dem 18. Jahrhundert

好 一 朵 美 麗 的 茉 利 花　　好 一 朵 美 麗 的 茉 利 花
Hao yi duo mei li di mo li hua.　　Hao yi duo mei li di mo li hua.

芬 芳 美 麗　　满 忮 椏,　　又 香 又 白　　人 人 跨
Fen fang mei li　　man zhi ya,　　you xiang you bai　　ren ren kua.

嚷 我 来 将 你 摘 下 讼 给 别 人 家 茉 利 花 呀 茉 利 花
Rang wo lai jiang ni zhai xia, song gei bie ren jia, mo li hua ya mo li hua.

Aufgaben

1. Lies dir den Text des Liedes genau durch.
2. Höre dir das Lied (Track 14) einmal an und versuche anschließend, das Lied zu dem Playback (Track 15) mitzusingen.
3. Notiere Dinge, die du an dieser Station erfahren hast, auf deinem Boardingpass unter Station 4.

STATION 5

China 世界旅游 – Kompositionswerkstatt

Das Ziel chinesischer Musik ist es, Menschen in einen harmonischen und glücklichen Zustand zu versetzen. Dabei setzt die chinesische Musik ein eigenes Tonsystem ein, das ziemlich kompliziert ist und sich in der jahrtausendealten Geschichte immer wieder verändert hat. In der ursprünglichen Form wurde ein System aus zwölf Lü (Halbtöne) verwendet, auf denen dann eine Tonleiter aus nur fünf Tönen gebildet wurde, die wir als pentatonische Tonleiter kennen (von dem griechischen „penta" = fünf). Jeder Ton der Tonleiter hat eine kosmologische Bedeutung und wird einer Jahreszeit, einer Himmelsrichtung, einem Gemütszustand usw. zugeordnet:

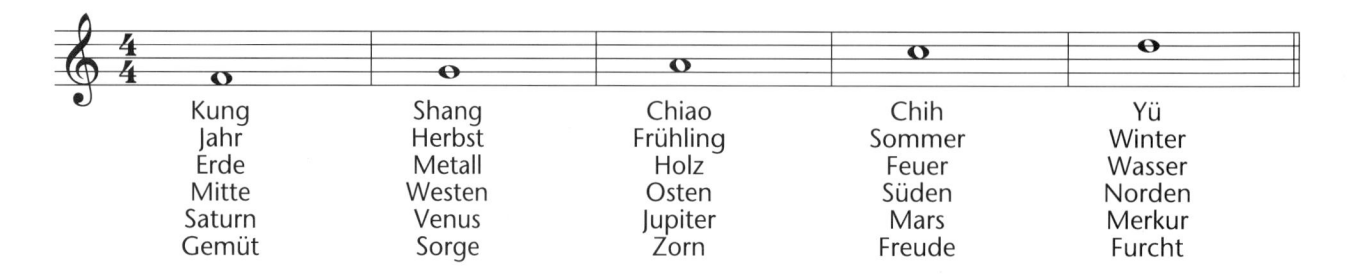

Kung	Shang	Chiao	Chih	Yü
Jahr	Herbst	Frühling	Sommer	Winter
Erde	Metall	Holz	Feuer	Wasser
Mitte	Westen	Osten	Süden	Norden
Saturn	Venus	Jupiter	Mars	Merkur
Gemüt	Sorge	Zorn	Freude	Furcht

AUFGABEN

1. Komponiere eine kurze Melodie (maximal 8 Takte) im 4/4-Takt in einer chinesischen Tonart, in der die Freude überwiegt. Variiere den Rhythmus.

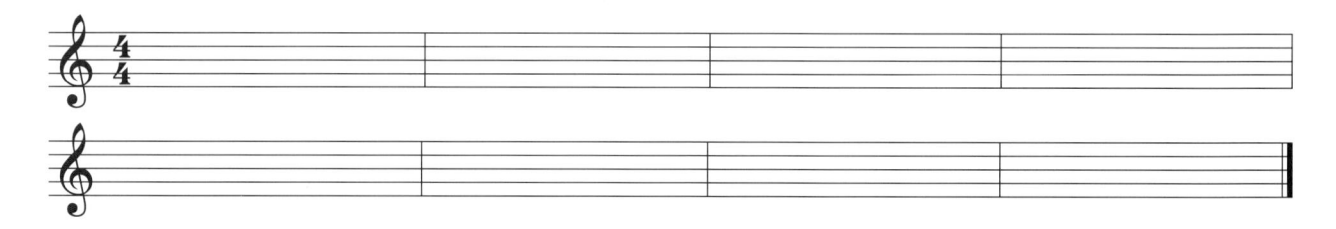

2. Notiere Informationen, die dir persönlich wichtig sind, bzw. Dinge, die du an dieser Station erfahren hast, auf deinem Boardingpass unter Station 5.

STATION 6

China 世界旅游 – Schon fertig?

Der Tanz hat in der chinesischen Kultur eine zentrale Bedeutung. Der „Löwentanz" beispielsweise wird zu jedem Neujahrsfest und bei vielen Hauseinweihungen getanzt – er soll Glück bringen. Die Tänze in der Oper bestehen nicht nur aus bestimmten Schrittfolgen, sondern auch aus vielen Gesten und einer bestimmten Mimik. Jede Bewegung hat eine eigene Bedeutung, die man erst mühevoll lernen muss.

AUFGABEN

1. Schließe dich mit deinen Mitschülern zu einer kleinen Gruppe zusammen. Entwickelt gemeinsam eine passende Choreografie zu dem Lied „Hao yi mei" (Station 4). Bedenkt, dass jede Bewegung eine besondere Bedeutung haben muss.

   > Der Text bedeutet:
   >
   > Welch eine wunderschöne Blume ist der Jasmin, süß duftend, schön, mit Stielen voller Knospen, duftend und weiß, jeder schätzt sie. Lass mich dich pflücken, um dich jemandem zu schenken. Jasmin-Blume, oh Jasmin-Blume.

2. Notiere Informationen, die dir persönlich wichtig sind, bzw. Dinge, die du an dieser Station erfahren hast, auf deinem Boardingpass (Rückseite).

3. REZEPTION: MUSIK BESCHREIBEN, ANALYSIEREN UND DEUTEN

3.2 Gewitter in der Musik – „Tempête" von Marin Marais

Kompetenzen
Die Schüler assoziieren mit dem Gehörten außermusikalische Ereignisse und deuten diese mittels einer Höranalyse.

Voraussetzungen
- Die Schüler können Musik assoziativ deuten.
- Die Schüler können Instrumente (Windmaschine, Violinen, Pauken, Cembalo) durch Hören bestimmen.

Material und Vorbereitungstipps
- Kopiervorlage (KV) auf DIN A3 vergrößern und mindestens dreimal kopieren, die Abbildungen entsprechend ausschneiden
- AB als Kopien
- CD („Sternstunden Musik 5/6", Track 16), CD-Player
- Tapete oder Paketpapier (ca. 2 m) mit einem Zeitstrahl in der Mitte
- Kleber, Edding

Motivation
Der Lehrer schreibt das Wort „Gewitter" möglichst groß und mittig an die Tafel. Die Schüler nennen einzelne Schlagworte, die sie mit dem Begriff „Gewitter" verbinden, z. B. Regentropfen, Donner, Blitz, Sturm, Platzregen, Wind, Schnee, Sturm, Hagel, Wolken, Regenbogen, Starkregen, Nebel. Die Schlagworte werden an der Tafel notiert.
Anschließend spielt der Lehrer das Stück „Tempête" (= Sturm, Track 16) ab. Die Schüler achten darauf, welche der zuvor genannten Naturphänomene sie hier hören können. Im Anschluss nennen die Schüler die Phänomene, die sie gehört haben. Parallel werden die genannten Phänomene an der Tafel umkreist.
Da nicht alle zuvor notierten Phänomene in dem Stück vorkommen, kann eine Diskussion begonnen werden, ob in „Tempête" beispielsweise „Nebel" musikalisch dargestellt wird. Diese Diskussion ist die Überleitung zur Erarbeitungsphase.

Erarbeitung
Der Lehrer spielt das Stück „Tempête" (Track 16) erneut ab (ggf. mehrmals hintereinander), die Schüler bearbeiten die Aufgaben auf dem AB.
Der Lehrer bereitet in der Zwischenzeit die Wandtapete vor.

Sicherung
Die Schüler beschreiben ihre Höreindrücke und erklären, warum sie der Musik die entsprechenden Naturphänomene zugeordnet haben.
Die Ergebnisse werden an der Wandtapete festgehalten – die Gewitter-Symbole werden aufgeklebt, die Erklärungen notiert. Sollte die ein oder andere Entscheidung strittig sein, können zusätzlich weitere Symbole samt Erklärung oberhalb der eigentlichen Klebefläche befestigt bzw. notiert werden.

Differenzierung
Die Schüler stoppen die Musik, sobald ein neues Naturphänomen beginnt, und tragen die jeweilige Laufzeit in den Zeitstrahl ein.

Weiterführung
Das Stück „Tempête" kann mit dem „Sturm" (Auszug aus der Ouvertüre zu „Wilhelm Tell" von Gioachino Rossini) oder mit dem „Gewitter" (vierter Satz aus der sechsten Sinfonie „Pastorale" von Ludwig van Beethoven) verglichen werden.

Lösung
Es handelt sich bei den Naturereignissen, die musikalisch dargestellt werden, nicht um absolute Größen: Verschiedene musikalische Phänomene werden unterschiedlich wahrgenommen. Daher ist für die Bewertung die Erklärung ausschlaggebend, nicht das Wettersymbol.

KV

Gewitter in der Musik – Kopiervorlage

3. Rezeption: Musik beschreiben, analysieren und deuten

AB

Gewitter in der Musik – „Tempête" von Marin Marais

Aufgaben

1. Höre dir das Stück „Tempête" genau an. Welche Naturphänomene hörst du? Zeichne deine Höreindrücke über den Zeitstrahl. Verwende hierfür die Symbole aus der Legende.
2. Vergleiche deine Höreindrücke mit den Höreindrücken eines Mitschülers: Gibt es wesentliche Unterschiede? Wenn ja – warum?
3. Gehe deinen Höreindrücken auf den Grund und erkläre, warum du der Musik die entsprechenden Naturphänomene zugeordnet hast. Trage die Erklärung unterhalb des Zeitstrahls ein.

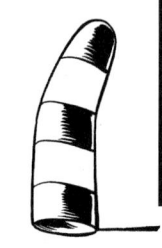

*Windmaschine
heult wie der Wind
leise / laut, hoch / tief*

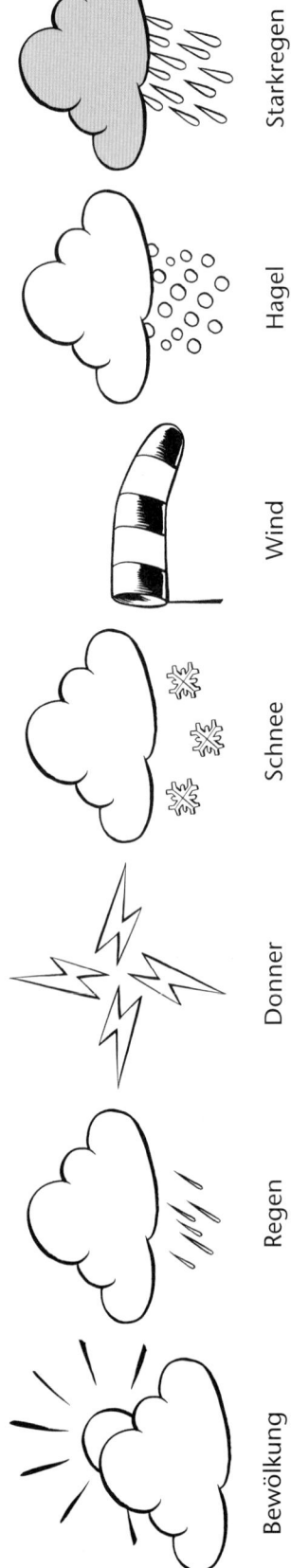

Legende

Bewölkung   Regen   Donner   Schnee   Wind   Hagel   Starkregen   Blitz

3. Rezeption: Musik beschreiben, analysieren und deuten

3.3 Ein Marsch für den König – Krönungsmusik von Georg Friedrich Händel

Kompetenzen
Die Schüler formulieren anhand musikalischer Kriterien Hörerwartungen und überprüfen diese.

Voraussetzungen
- Die Schüler sind mit den Analysekriterien Rhythmik, Dynamik, Melodik, Besetzung, Tempo, Takt und Harmonik vertraut.
- Die Schüler können einer Partitur entsprechende Informationen entnehmen.

Material und Vorbereitungstipps
- AB als Folie
- AB als Kopien
- CD („Sternstunden Musik 5/6", Track 17), CD-Player
- Kärtchen im Format DIN A5 (oder Tafel)
- Tapete oder Paketpapier mit der Überschrift „Ein Marsch für den König"
- Kleber
- Die Schüler werden in Gruppen zu je vier Gruppenmitgliedern eingeteilt. Die Schüler sollten so eingeteilt werden, dass in jeder Gruppe leistungsschwache und leistungsstarke Schüler sind.

Hinweis
Wenn die Rahmenbedingungen es zulassen, kann diese Stunde eindrucksvoll gestaltet werden, indem der Raum abgedunkelt und tatsächlich bei Kerzenschein gearbeitet wird. Zusätzlich können alle Gegenstände aus Plastik von den Tischen geräumt werden. Ein kleiner „Bruch" ergibt sich allerdings, wenn der CD-Player in Betrieb genommen wird.

Motivation
Lehrer: „Stellt euch vor, wir wären im Jahr 1727. Es gibt kein elektrisches Licht, keine Autos, keine Handys. Wenn man Licht braucht, muss man Kerzen anzünden. Wenn man jemandem eine Nachricht schicken möchte, muss man einen Brief schreiben ...
King George I. von England ist verstorben. In wenigen Monaten soll sein Sohn in der Westminster Abbey, der Kirche in London, zum neuen König – King George II. – gekrönt werden. King George II. möchte, dass der berühmteste Komponist dieser Zeit – Georg Friedrich Händel – die Musik für seine Krönung komponiert.
Ihr seid Mitarbeiter Georges II. und sollt Georg Friedrich Händel Ideen für seine Komposition liefern. Es handelt sich um einen Marsch, der erklingen soll, wenn der König mit der Königin am Ende der Krönungszeremonie feierlich durch die Kirche zieht. Was würdet ihr dem Komponisten raten und warum?"
Die Schüler äußern ihre Ideen (z. B. *forte*, Trompeten und Pauken, Dur, langsames Tempo für das Majestätische, 4/4-Takt, schreitende Melodie). Die Ideen werden auf Kärtchen geschrieben. Anschließend werden die Kärtchen nach Parametern geordnet auf die Tapete geklebt, die an einer gut sichtbaren Stelle im Klassenzimmer aufgehängt ist. Auf diese Weise sind die Parameter für eine musikalische Analyse für alle sichtbar und längerfristig festgehalten.
(Alternative: Die Ideen werden an der Tafel notiert.)

Erarbeitung 1
Lehrer: „Wir machen einen Zeitsprung von einigen Wochen. Georg Friedrich Händel hat inzwischen einen Marsch komponiert. Ihr, die Mitarbeiter des Königs, sollt nun überprüfen, ob sich der Marsch tatsächlich eignet. Zunächst hören wir das Stück an. Überprüft beim Hören, ob eure Erwartungen erfüllt werden. Würde dieser Marsch die Erwartungen des Königs wohl erfüllen? Nach einem ersten Höreindruck stimmen wir ab."
Der Lehrer spielt den Marsch aus dem „Occasional Oratorio" (Track 17) ab.
Anschließend stimmen die Schüler darüber ab, ob sich der Marsch grundsätzlich eignet.

Erarbeitung 2
Die Schüler werden in Gruppen zu je vier Gruppenmitgliedern eingeteilt.
Lehrer: „Seine Majestät, King George II., wünscht von seinen Mitarbeitern ein schriftliches Gutachten zu dem Marsch. Bereitet diese Stellungnahme vor."
Die Gruppen bearbeiten die Aufgaben 1 und 2 auf dem AB.

Sicherung
Die Gruppen präsentieren ihre Ergebnisse. Anschließend wird eine gemeinsame Musterlösung erstellt (auf Folie oder als Tafelbild).

Lehrer: „Man weiß nicht genau, welcher Marsch bei dieser Gelegenheit tatsächlich gespielt wurde. Denkbar ist aber, dass es ein Marsch wie dieser war."

Hausaufgabe

Die Schüler verfassen eine (mit Füller geschriebene) schriftliche Stellungnahme für den König (AB, Aufgabe 3).

Differenzierung

Die Differenzierung ergibt sich aus der Anordnung der Parameter. Während Taktart und Tempo schnell zu bestimmen sind, dauert die harmonische Bestimmung in der Regel länger und kann ggf. nur von den leistungsstarken Schülern übernommen werden.

Alternativen

- Die Parameter zur Analyse des Stücks werden den Schülern in einem Brief des Königs vorgegeben: „King George II. wünscht sich für seine Krönung einen Marsch, der folgenden Kriterien entspricht *[Kriterien einfügen]*. Georg Friedrich Händel hat diesen Marsch komponiert. Überprüft, ob Händels Marsch den Anforderungen des Königs entspricht."
- Die Bearbeitung der Partitur kann auch arbeitsteilig erfolgen:
  1. nach Parametern geordnet (Metrum / Tempo / Rhythmik – Dynamik / Besetzung – Melodik / Harmonik)
  2. nach Abschnitten: Takt 1–12, 13–24, 25 bis zum Ende

Mögliche Lösung

Parameter	Beschreibung	Bewertung
Metrum	4/4-Takt	geeignet, weil der König und die Königin dazu schreiten können
Tempo	Halbe ~ 80 / Viertel ~ 160	bedingt geeignet; man kann nur auf den Halben laufen, weil es sonst zu schnell wäre
Rhythmik	Achtel, Viertel, Halbe, kaum Punktierungen	gleichmäßige, durch die Halben majestätische Bewegung; rhythmische Struktur (4 Achtel – 2 Viertel – 2 Halbe) wiederholt sich oft
Dynamik	nicht angegeben (typisch für die Barockzeit)	bedingt geeignet; eher *forte*, könnte aber für diesen Anlass noch lauter sein
Besetzung (Instrumente)	Trompeten, Violinen, Oboen, Bratschen, Bässe, Pauken, Orgel	gut geeignet, weil es durchschlagende Klänge sind; Klangfarbe ist sehr königlich, Stimmen sollten verdoppelt werden
Melodik	überwiegend schreitende Melodiefolge, einige (Signal-)Quarten	geeignet, weil die Melodie im Ohr bleibt und die Quarten als Signal gut „strahlen"
Harmonik	D-Dur	geeignet, weil es fröhlich klingt
insgesamt		eher geeignet

Ein Marsch für den König

Aufgaben

1. Überprüft die Partitur: Sind die Kriterien umgesetzt, die ihr zuvor genannt habt und die einen Krönungsmarsch auszeichnen? Markiert die entsprechenden Stellen farbig.
2. Tragt eure Ergebnisse in die Tabelle auf AB (3) ein.
3. Verfasse eine schriftliche Stellungnahme für den König. Schreibe deine Stellungnahme in dein Musikheft.

Georg Friedrich Händel

Folie / AB (2)

Analysebogen für das Gutachten

Parameter	Beschreibung	Bewertung
Metrum (Taktart)	4/4-Takt	geeignet, weil der König und die Königin dazu schreiten können
Tempo		
Rhythmik		
Dynamik		
Besetzung (Instrumente)		
Melodik		
Harmonik		
insgesamt		

3.4 Musik klebt im Ohr – Musik auf ihren „Ohrwurmfaktor" untersuchen

Kompetenzen
Indem die Schüler das Lied „Zehn kleine Fische" auf ihren Ohrwurmfaktor untersuchen, wenden sie musikalische Ordnungssysteme an und reflektieren die eigene Musikrezeption.

Voraussetzungen
- Die Schüler können Notenlesen.
- Die Schüler kennen das Lied „Zehn kleine Fische" (meist aus der Grundschule).

Material und Vorbereitungstipps
- AB als Folie
- AB als Kopien
- Der Lehrer sollte noch andere „Ohrwürmer" kennen („Schlumpflied", „Live is life – nanananana" oder Ähnliches).

Motivation
- Der Lehrer singt/summt nach der Begrüßung ein bekanntes Lied (z. B. das „Schlumpflied") und bricht an einer Stelle ab („Sagt mal, von wo kommt ihr den her"), von der aus die Schüler das Lied gut weitersingen können („aus Schlumpfhausen, bitte sehr").
Gut geeignet für diesen Einstieg ist natürlich auch ein Lied, das sich bei den Schülern bereits als Ohrwurm etabliert hat, z. B. nach Klassenfahrten.
- Lehrer: „Beschreibt Situationen, in denen man dieses Lied im Ohr hat."
Die Schüler nennen verschiedene alltägliche Situationen (z. B. Dusche, Bus, Sport).
Lehrer: „Woher kennt ihr die Lieder, die ihr immer wieder im Ohr habt?"
Die Schüler nennen ihre Quellen (Radio, Konzert, Fernsehen).
Lehrer: „Warum hat man dieses Lied immer wieder im Ohr?"
Die Schüler sammeln unterschiedliche Ideen. Dabei genügt es nicht, die Ideensammlung auf den Begriff „Ohrwurm" zu reduzieren. Wichtig ist eine Sammlung von Stichworten, die Liste muss anfangs nicht vollständig sein.
Die von den Schülern genannten Stichworte werden an der Tafel festgehalten.

Mögliches Tafelbild:

Situationen	Quellen	Ohrwurm-faktoren
• beim Sport • in der Schule • unter der Dusche • im Bus	• Konzert • Fernsehen (Werbung) • Radio • Videospiele • Musikunterricht	• Wiederholungen • Form (Refrain) • Melodik • Metrum • Tempo • Rhythmik

Erarbeitung
Die Schüler singen zunächst das Lied „Zehn kleine Fische" bis sie es auswendig können. Anschließend bearbeiten sie die Aufgabe auf dem AB und ermitteln so den Ohrwurmfaktor für das Lied.

Sicherung
Die Ohrwurmfaktoren samt Erklärung (AB) werden im Unterrichtsgespräch besprochen, gleichzeitig werden auf der Folie die entsprechenden Stellen in den Noten markiert. Auf diese Weise können die Schüler ihre Markierungen überprüfen.

Differenzierung
Die Ohrwurmfaktoren können auch aufgeteilt werden: Schüler, die Schwierigkeiten haben, mit Noten zu arbeiten, können sich die Melodie vorsingen und die Eintragungen im Liedtext vornehmen.

Weiterführung
- Weitere Lieder können auf ihren Ohrwurmfaktor überprüft werden.
- Umfrage zu Ohrwürmern

Musik, die klebt? – ein Lied auf seinen Ohrwurmfaktor untersuchen

Auf Englisch sagt man „I have a song stuck in my head" („Ich habe einen Song, der in meinem Kopf festklebt"), wenn man einen Ohrwurm hat. Aber warum kleben einige Lieder in unserem Kopf fest und andere nicht? Wissenschaftler konnten bis heute nicht vollständig klären, wie ein Ohrwurm entsteht. Es gibt
5 jedoch einige Faktoren, die mit entscheiden, ob ein Lied kleben bleibt oder nicht. Dazu gehören z. B. ein eingängiger Text, eine einfache Melodie, ein bequemes Tempo, eine angenehme Singhöhe und viele Wiederholungen. Außerdem können hervorstechende Passagen wirkungsvoll sein, z. B. ein besonderer Rhythmus oder ein auffallendes Intervall. Wichtig ist, dass man das Lied oft genug gehört
10 hat, sodass man es kennt, und dass es ein Gefühl in uns auslöst. Ohrwürmer entstehen unabhängig davon, ob uns ein Lied gefällt oder nicht. Oft sind es Lieder mit einem Text in der Muttersprache. Frauen und Menschen, die selbst viel Musik machen, werden prozentual häufiger von Ohrwürmern befallen.

AUFGABE

Untersuche das Lied „Zehn kleine Fische" auf seinen Ohrwurmfaktor. Fülle die Tabelle aus und markiere die entsprechenden Stellen in den Noten farbig.

Moderato *traditionell überliefert*

1. Zehn klei-ne Fi-sche, die schwam-men im Meer. Da wär viel lie-ber in 'nem
sag-te die Mut-ter: „Ich war-ne euch sehr. Ich

klei-nen Teich, denn im Meer gibt es Hai-e, und die fres-sen euch gleich."

Schwapp, schwapp, schwapp, schwa-bi-du-ba, schwapp, schwapp, schwapp, schwa-bi-du.

Ohrwurmfaktoren	ja	nein	Erklärung
Lied wird oft gehört			
eingängiger Text			
einfache Melodie			
bequemes Tempo			
angenehme Singhöhe			
markante Passagen			
viele Wiederholungen			
Ansprache der Gefühle			

MÖGLICHE LÖSUNG

Musik, die klebt? – ein Lied auf seinen Ohrwurmfaktor untersuchen

traditionell überliefert

[Notenbeispiel mit Annotationen: Moderato, 4/4-Takt]

Annotationen über den Noten:
- Moderato
- Synkope
- Quinte
- Akzentverschiebung
- Quinte + Akzentverschiebung
- Akzentverschiebung
- Rhythmus wird wiederholt

Text:
1. Zehn klei - ne Fi - sche, die schwam - men im Meer. Da wär viel lie - ber in 'nem
sag - te die Mut - ter: „Ich war - ne euch sehr. Ich
klei - nen Teich, denn im Meer gibt es Hai - e, und die fres - sen euch gleich."
Schwapp, schwapp, schwapp, schwa-bi-du-ba, schwapp, schwapp, schwapp, schwa-bi-du.

Ohrwurmfaktoren	ja	nein	Erklärung
Lied wird oft gehört	x	(x)	phasenweise
eingängiger Text	x		besonders Refrain / lautmalerisch „schwipp"
einfache Melodie	x		Töne: g' – e' – a' – d' (f' – h')
bequemes Tempo	x		Moderato
angenehme Singhöhe	x		nicht zu hoch, nicht zu tief (d' – h')
markante Passagen	x		Töne wiederholen sich (g' – e' // a' – d'), Quintsprung, Akzentverschiebung, Rhythmik, Synkope
viele Wiederholungen	x		nach Takt 2, Takt 7–10
Ansprache der Gefühle	(x)	(x)	individuell

4.1 Dynamik

Kompetenzen
Die Schüler nennen und erklären die wesentlichen Bedeutungen und Bedeutungsvarianten der dynamischen Begriffe. Sie bilden damit die Basis für eine fachterminologisch differenzierte Ausdrucksfähigkeit.

Voraussetzungen
keine

Material und Vorbereitungstipps
Diese Unterrichtsstunde bietet sich als theoriegeleitete Vorbereitung für Sternstunde 1.1 an oder als systematische Aufarbeitung von Vorerfahrungen aus der Grundschule.
- AB als Kopien
- Extrablätter
- Schere
- ggf. Liederbücher

Motivation
Der Lehrer begrüßt die Schüler ganz leise. In der Regel antworten die Schüler dann ebenfalls leise. Ist dies nicht der Fall, sollte der Lehrer die Begrüßung noch einmal leise wiederholen, um die Schüler für das Thema Lautstärke zu sensibilisieren.
Anschließend fragt der Lehrer die Schüler laut: „Warum habt ihr jetzt so leise gesprochen?"
Die Schüler antworten vermutlich ebenfalls laut: „Weil Sie so leise gesprochen haben."
Der Lehrer stellt nun die Frage: „Warum spricht man mal laut, mal leise?"
Die Schüler nennen unterschiedliche Gründe, z.B. Abwechslung, unterschiedliche Gefühle, Spannung erzeugen.
Der Lehrer weist die Schüler darauf hin, dass man in der Musik nicht nur laut und leise unterscheidet, sondern differenziertere Angaben machen kann.

Erarbeitung
Die Schüler bearbeiten die Aufgaben auf dem AB und lernen so die dynamischen Begriffe kennen.

Sicherung
Hier bieten sich mehrere Möglichkeiten an:
- Die Schüler probieren ihr Domino-Spiel aus. Legen mehrere Schüler ihre Domino-Steine zusammen, ergeben sich mehr Möglichkeiten.
- Quiz: Die Schüler werden in Gruppen eingeteilt (gerade Anzahl an Gruppen!), jeweils zwei Gruppen schließen sich zusammen. Eine Gruppe singt oder spielt der anderen Gruppe ein Lied/Stück in der jeweils angegebenen Lautstärke vor, die zuhörende Gruppe muss die richtige dynamische Angabe nennen. Hier wird schnell deutlich, dass beispielsweise die Unterscheidung zwischen *mp* und *mf* relativ bzw. individuell ist.

Differenzierung
Die Schüler, die bereits mit den dynamischen Begriffen vertraut sind, können ein Stück dynamisch gestalten (analog zu Sternstunde 1.1).

Weiterführung
Sternstunde 1.1

Lösung

p	s	e	h	r	l	e	i	s	e	s	d
i	e	c	n	n	a	r	a	r	n	e	e
a	a	d	n	c	u	f	t	l	i	h	c
n	i	p	i	a	n	o	r	n	t	r	r
i	p	d	p	f	o	r	t	e	m	l	e
s	f	o	r	z	a	t	o	p	b	a	s
s	n	s	b	c	u	i	c	n	i	u	c
i	c	d	i	a	d	s	t	f	l	t	e
m	l	l	a	u	t	s	s	l	e	s	n
o	t	s	s	t	a	i	c	i	i	e	d
b	e	t	o	n	t	m	s	r	s	h	o
l	e	i	s	e	r	o	l	b	e	r	d

AB

Dynamik – Lautstärke in der Musik

In der Musik wird die Lautstärke „Dynamik" genannt. Zur Kennzeichnung der Dynamik werden weltweit dieselben italienischen Begriffe verwendet. Unterschieden wird zwischen:

1. Stufen in der Lautstärke

fff	forte-fortissimo	so laut wie möglich
ff	fortissimo	sehr laut
f	forte	laut
mf	mezzoforte	mittellaut
p	piano	leise
pp	pianissimo	sehr leise
ppp	piano-pianissimo	so leise wie möglich

2. gleitende Veränderungen in der Lautstärke

cresc.	<	*crescendo*	lauter (werden)
decresc.	<	*decrescendo*	leiser (werden)
dim.		*diminuendo*	weniger werden

3. abrupte Veränderungen der Lautstärke (Akzente)

sf oder sfz	sforzato	kräftig, betont
fp	fortepiano	erst laut dann leiser werden
rfz	rinforzando	verstärkt

AUFGABEN

1. In dem Suchquadrat sind viele dynamische Begriffe versteckt. Suche sie und umrande sie farbig. Notiere dann die Begriffe in deinem Musikheft und ergänze die deutsche Bedeutung sowie die entsprechende Abkürzung.
2. Schreibe die noch fehlenden italienischen Begriffe, ihre deutsche Bezeichnung und die Abkürzungen aus dem oberen Merkkasten in dein Musikheft.

p	s	e	h	r	l	e	i	s	e	s	d
i	e	c	n	n	a	r	a	r	n	e	e
a	a	d	n	c	u	f	t	l	i	h	c
n	i	p	i	a	n	o	r	n	t	r	r
i	p	d	p	f	o	r	t	e	m	l	e
s	f	o	r	z	a	t	o	p	b	a	s
s	n	s	b	c	u	i	c	n	i	u	c
i	c	d	i	a	d	s	t	f	l	t	e
m	l	l	a	u	t	s	s	l	e	s	n
o	t	s	s	t	a	i	c	i	i	e	d
b	e	t	o	n	t	m	s	r	s	h	o
l	e	i	s	e	r	o	l	b	e	r	d

SCHON FERTIG?

Bastle ein Dynamik-Domino nach diesem Muster: | *ff* | *leise* |
Bedenke, dass zwei Begriffe, die zusammengehören nicht auf einen Stein gehören.
Probiere das Domino-Spiel anschließend aus.
Ihr könnt auch mehrere Domino-Spiele vermischen und das Spiel gemeinsam spielen.

4.2 Rhythmik (Doppelstunde)

Kompetenzen
Die Schüler wiederholen rhythmische und metrische Strukturen und lernen Besonderheiten (Triolen, Quintolen, Synkopen usw.) kennen.

Voraussetzungen
Gerade im Bereich der Rhythmik sind die Vorerfahrungen sehr unterschiedlich. Während einige Schüler auf erworbene Kompetenzen aus der Grundschule oder aus dem privaten Instrumentalunterricht zurückgreifen können, sind für andere Schüler rhythmische und metrische Strukturen Neuland. Diese Unterrichtsstunde ist daher auf eine breite Binnendifferenzierung angelegt. Sie bietet sich als theoriegeleitete Vorbereitung für die Sternstunden 1.1, 1.2 und 1.5 oder als systematische Aufarbeitung von Kenntnissen an.

Material und Vorbereitungstipps
- Rhythmus auf Folie
- Aufgabenkarten (grün, blau, gelb, rot) und Arbeitsblätter (AB grün, blau, gelb, rot) als Kopien auf farbigem Papier oder Kopien auf weißem Papier, die in farblich gekennzeichneten Boxen liegen; Aufgabenkarten ggf. laminieren
- 4 farblich gekennzeichnete Aufgaben-, 4 Ergebnis- und 4 Kontrollboxen
- 4 Stationstische
  Auf jedem Stationstisch befinden sich jeweils mindestens zwei Aufgabenkarten, eine Aufgabenbox, in der die AB zur Verfügung gestellt werden, und zwei leere Boxen, beschriftet mit „Ergebnisbox" und „Kontrollbox".

Motivation
Der Lehrer stellt ein Metronom ein (langsam, Viertel = 60) und beginnt, den Grundschlag des Rhythmus (siehe Folie) mit dem Fuß zu klopfen. Die Schüler werden nonverbal aufgefordert, in den Rhythmus einzusteigen und ebenfalls mit dem Fuß zu klopfen.
Haben alle den Rhythmus übernommen, beginnt der Lehrer, mit der linken Hand auf den Oberschenkel zu klopfen (siehe Folie). Das Klopfen mit dem Fuß wird weiterhin fortgesetzt. Die Schüler steigen mit ein.
Halten die Schüler den Rhythmus, setzt der Lehrer mit dem Schnipsen ein (siehe Folie). Die Schüler übernehmen den Rhythmus.
Nach einigen Takten bricht der Lehrer abrupt ab und legt die Folie mit dem Rhythmus auf.

Lehrer: „Hier seht ihr, was wir gerade gemacht haben. Wollen wir selbst so etwas schreiben, dann müssen wir erst einmal die Grundlagen dafür schaffen."
Anschließend erklärt der Lehrer, wie die folgende Unterrichtsstunde ablaufen wird (siehe Beschreibung unten).

Erarbeitung
Die Schüler wählen selbst, an welchen Stationen sie arbeiten möchten. Die verschiedenen Farben der Stationen stehen für unterschiedliche Schwierigkeitsstufen:
- grün = einfach
- blau = schwieriger
- gelb = man braucht Vorerfahrungen
- rot = anspruchsvoll

Haben die Schüler ihre Station gewählt, nimmt sich jeder Schüler aus der jeweiligen Aufgabenbox ein AB, bearbeitet die Aufgaben und legt das AB anschließend in die Kontrollbox. Dann zieht jeder Schüler aus der Kontrollbox das AB eines Mitschülers, kontrolliert bzw. korrigiert es und legt es in die Ergebnisbox.

Sicherung
Die Sicherung erfolgt an den Stationen – zum einen durch die eigene Erarbeitung, zum anderen durch die Korrektur der AB der Mitschüler.

Differenzierung
- Station grün liefert in knapper Form die wesentlichen Hinweise zu den Notenwerten.
  Sind die Schüler noch nie mit Noten in Berührung gekommen, bietet es sich an, diese erst auf einem leeren Papier zu üben. Dieses kann dann als Deckblatt für den Musik-Schnellhefter genutzt werden.
- Station blau gibt einen kurzen Überblick über metrische Strukturen.
- Station gelb führt in rhythmische Besonderheiten ein, die als Vorbereitung für die Sternstunden 1.1, 1.2 und vor allem 1.5 dienen.
- Station rot dient der Einführung von Synkopen.
- Weit fortgeschrittene, leistungsstarke Schüler können sich u. a. auf die Kontrolle der AB der Mitschüler konzentrieren (jeweils letzte Aufgabe auf AB) und selbstständig einen eigenen Rhythmus für Body-Percussion erstellen.

Weiterführung
- Es sollte unbedingt eine eigene Body-Percussion erstellt werden.
- Sternstunden 1.1, 1.2 und 1.5

Folie

Rhythmus

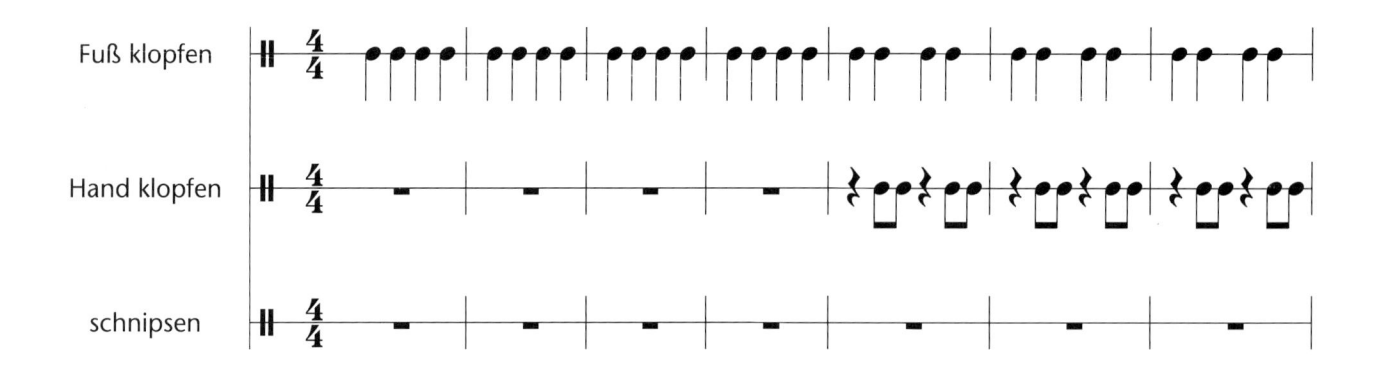

Aufgabenkarte grün

Notenwerte

Notenwerte geben die relative Dauer eines Tones an: Eine ganze Note ist genauso lang wie zwei halbe Noten oder vier Viertelnoten. Ob diese Note aber eine, zwei oder drei Sekunden dauert, das sagt ein Notenwert nicht aus. Dafür ist das Tempo entscheidend.
Die Struktur, die sich aus der Abfolge von Notenwerten und Pausen ergibt, nennt man Rhythmus.

ganze Note	𝄞 4/4 𝅝
halbe Noten	𝄞 4/4 𝅗𝅥 𝅗𝅥
Viertelnoten	𝄞 4/4 ♩ ♩ ♩ ♩
Achtelnoten	𝄞 4/4 ♫ ♫ ♫ ♫
Sechzehntelnoten	𝄞 4/4 𝅘𝅥𝅯𝅘𝅥𝅯𝅘𝅥𝅯𝅘𝅥𝅯 × 4
ganze Pause	𝄞 4/4 𝄻
halbe Pausen	𝄞 4/4 𝄼 𝄼
Viertelpausen	𝄞 4/4 𝄽 𝄽 𝄽 𝄽
Achtelpausen	𝄞 4/4 𝄾 × 8
Sechzehntelpausen	𝄞 4/4 𝄿 × 16

Hinter jede Note kann ein Punkt gesetzt werden. Dieser Punkt verlängert die Note um die Hälfte ihres Wertes. Eine punktierte halbe Note ist also genauso lang wie drei Viertelnoten oder sechs Achtelnoten.

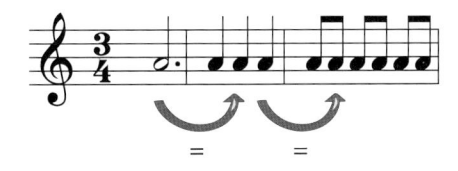

Aufgabenkarte blau

Metrum

Wie die Zeit in Tage, Stunden und Minuten eingeteilt ist, so wird auch die Musik in gleiche Abschnitte eingeteilt: Puls, Beat („beat" = der Schlag), Grundschlag oder Metrum („metrum" = das Maß).

Mehrere Grundschläge in einer Einheit ergeben einen Takt.
4/4-Takt:

In jedem Takt gibt es betonte und unbetonte Schläge.
2/4-Takt: schwer – leicht

3/4-Takt: schwer – leicht – leicht

4/4-Takt: schwer – leicht – halbschwer – leicht

6/8-Takt: schwer – leicht – leicht – halbschwer – leicht – leicht

Aufgabenkarte gelb

Rhythmische Besonderheiten

Normalerweise ergeben immer zwei kleinere Notenwerte einen größeren: Zwei Achtelnoten ergeben eine Viertelnote, zwei Viertelnoten eine halbe Note usw. Möglich ist aber auch eine Aufteilung in mehrere Noten. So können auch drei Achtelnoten so lang wie eine Viertelnote sein. Das nennt man dann Triole. Schreibt man fünf Noten auf eine Zählzeit, spricht man von einer Quintole, bei sieben Noten von einer Septole.

Aufgabenkarte rot

Metrische Besonderheiten

Eine Besonderheit in der Rhythmik bzw. im Metrum ist die Synkope.
Die Synkope ist eine Verschiebung der Betonungen im Takt, bezogen auf den Takt. Durch sie wird rhythmische Spannung erzeugt.

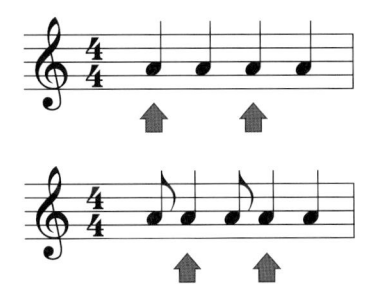

AB GRÜN

Notenwerte

Name: _____

Aufgaben

1. Zeichne hier ganze Noten, halbe Noten, Viertelnoten, Achtelnoten, Sechzehntelnoten und die dazugehörigen Pausen. Verwende verschiedene Farben.
   Wenn du zunächst üben möchtest, probiere es auf einem extra Blatt.

2. Erfinde Rhythmen, die genauso lang sind wie die hier vorgegebenen. Schreibe deine Rhythmen rechts neben die vorgegebenen Rhythmen.

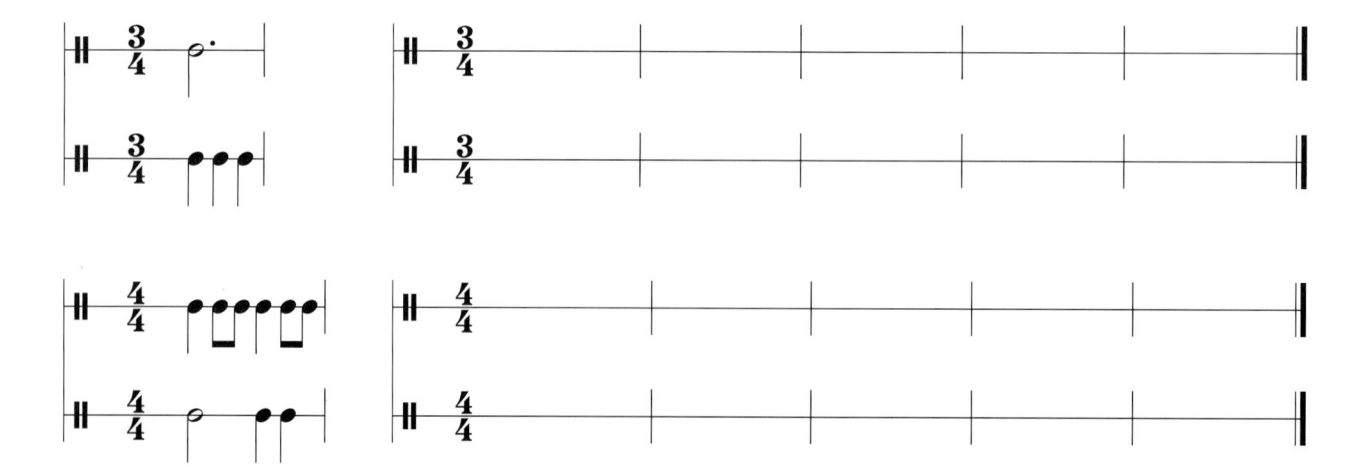

3. Lege dein Arbeitsblatt in die Kontrollbox.

4. Ziehe ein Arbeitsblatt eines Mitschülers aus der Kontrollbox. Kontrolliere das Arbeitsblatt. Hättest du die Aufgabe auch so gelöst? Korrigiere gegebenenfalls.
   Lege das Arbeitsblatt anschließend in die Ergebnisbox und gehe weiter zur nächsten Station.

AB BLAU

Metrum

Name: _____

Aufgaben

1. Schreibe die unterschiedlichen Taktarten (vgl. Aufgabenkarte) auf und markiere die betonten Zählzeiten mit einem roten X.
   Lege dein Arbeitsblatt anschließend in die Kontrollbox.

   𝄞 2/4 _____

   𝄞 3/4 _____

   𝄞 4/4 _____

   𝄞 6/8 _____

2. Ziehe ein Arbeitsblatt eines Mitschülers aus der Kontrollbox. Kontrolliere das Arbeitsblatt. Hättest du die Aufgabe auch so gelöst? Korrigiere gegebenenfalls.
   Lege das Arbeitsblatt anschließend in die Ergebnisbox und gehe weiter zur nächsten Station.

AB GELB

Rhythmische Besonderheiten

Name: _____

AUFGABEN

1. Schreibe Triolen, einmal im 4/4-Takt, einmal im 3/4-Takt.
Lege dein Arbeitsblatt anschließend in die Kontrollbox.

2. Ziehe ein Arbeitsblatt eines Mitschülers aus der Kontrollbox. Kontrolliere das Arbeitsblatt. Hättest du die Aufgabe auch so gelöst? Korrigiere gegebenenfalls.
Lege das Arbeitsblatt anschließend in die Ergebnisbox und gehe weiter zur nächsten Station.

AB ROT

Metrische Besonderheiten

Name: _____

AUFGABEN

1. Schreibe hier eigene Synkopen.

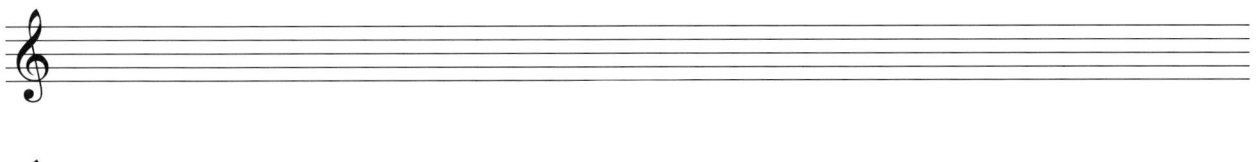

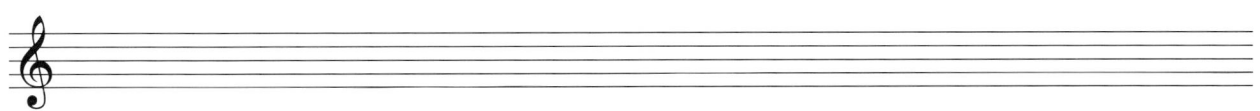

2. In dem folgenden Lied sind einige Synkopen versteckt. Findest du sie? Umrande die Synkopen farbig.

Christina M. Stahl

3. Lege dein Arbeitsblatt in die Kontrollbox.

4. Ziehe ein Arbeitsblatt eines Mitschülers aus der Kontrollbox. Kontrolliere das Arbeitsblatt. Hättest du die Aufgabe auch so gelöst? Korrigiere gegebenenfalls.
   Lege das Arbeitsblatt anschließend in die Ergebnisbox und gehe weiter zur nächsten Station.

4.3 Der Bassschlüssel

Kompetenzen
Die Schüler lernen den Bassschlüssel kennen.

Voraussetzungen
Die Schüler können den Violinschlüssel sicher anwenden.

Material und Vorbereitungstipps
- AB als Folie
- AB als Kopien
- CD („Sternstunden Musik 5/6", Track 18 und 19), CD-Player

Motivation
Der Lehrer präsentiert den Schülern zwei Hörbeispiele – Violine (Track 18) und Kontrabass (Track 19) – und fragt die Schüler nach den Unterschieden im Klang. Die Schüler erkennen, dass sich die beiden Instrumente in der Tonhöhe unterscheiden.
Anschließend erklärt der Lehrer, dass die Tonhöhe mit der Größe der Instrumente zusammenhängt und dass tiefe Instrumente einen eigenen Notenschlüssel haben.

Erarbeitung
Die Schüler bearbeiten die Aufgaben auf dem AB in Einzelarbeit. Anschließend vergleichen sie ihre Ergebnisse in Partnerarbeit.

Sicherung
Die Ergebnisse werden im Unterrichtsgespräch besprochen und auf der Folie eingetragen.

Vertiefung
Weiterführende Aufgabe (Schon fertig?): Transposition des Liedes auf dem AB

Differenzierung
- Die Schüler erproben im weiteren Verlauf den Bassschlüssel an tiefen Instrumenten.
- Die Schüler erhalten oder schreiben eine Geschichte auf Notenlinienpapier, die Buchstaben c, d, e, f, g, a, h müssen durch entsprechende Noten im Bassschlüssel ersetzt werden.
- Transkription eines Volksliedes für eine tiefe Männerstimme im Bassschlüssel

Ein besonderer Notenschlüssel für tiefe Töne

AUFGABEN

1. Vervollständige die folgende Tonleiter.

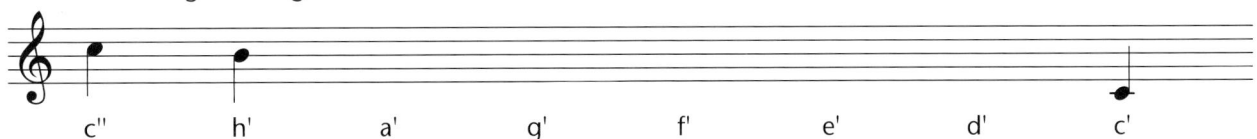

c'' h' a' g' f' e' d' c'

Schon das c' passt nicht mehr in die Notenlinien, sodass man hierfür Hilfslinien verwenden muss. Je tiefer ein Instrument spielen soll, desto mehr Hilfslinien muss man verwenden. Dies aber wird, je tiefer die Noten sind, sehr unübersichtlich.

2. Wie heißen die folgenden Noten? Schreibe die Notennamen in die Kästchen unter den Noten.

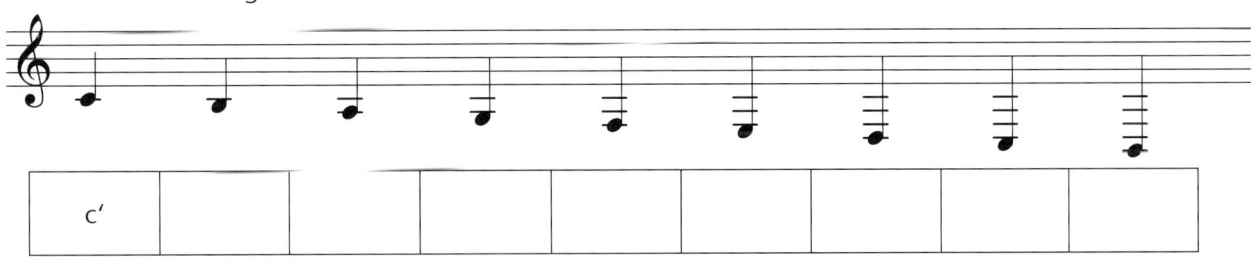

c'

Damit Musiker, die tiefe Instrumente wie den Kontrabass spielen, nicht so viele Hilfslinien zählen müssen – und somit auch nicht so leicht durcheinander kommen – gibt es für sie einen eigenen Notenschlüssel: den Bassschlüssel.
Der Bassschlüssel übernimmt die tiefen Noten, die man im Violinschlüssel mit Hilfslinien darstellen müsste.

3. Vervollständige die Tonleiter im Bassschlüssel.

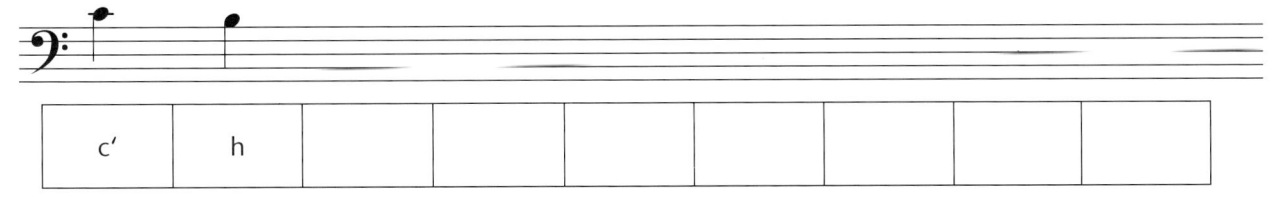

c' h

SCHON FERTIG?

Übertrage das folgende Lied in den Bassschlüssel.

Christina M. Stahl

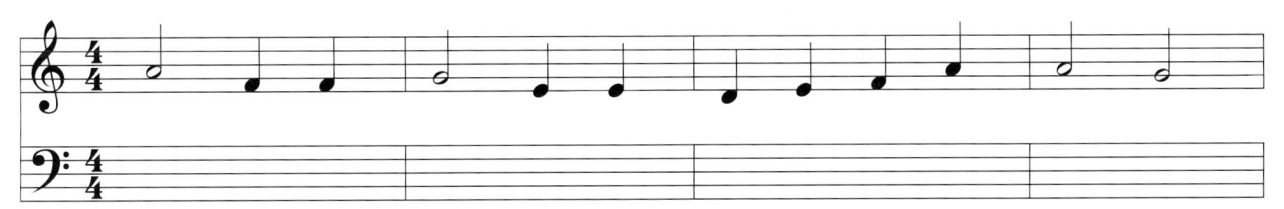

LÖSUNG

Ein besonderer Notenschlüssel für tiefe Töne

1.

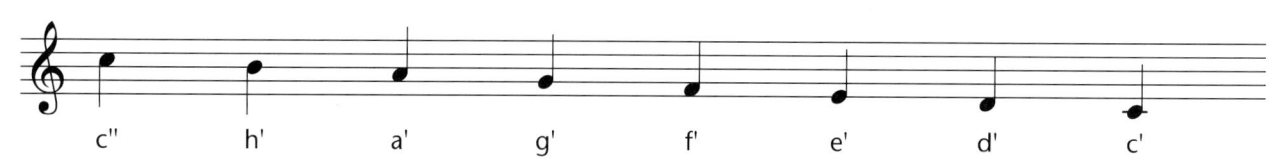

c'' h' a' g' f' e' d' c'

2.

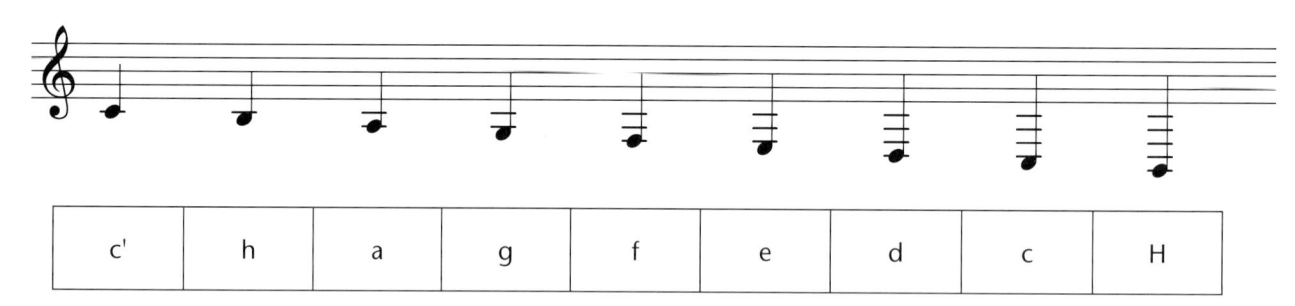

| c' | h | a | g | f | e | d | c | H |

3.

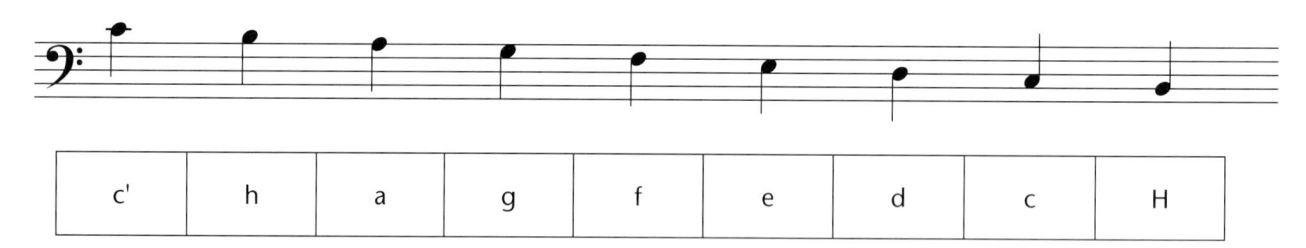

| c' | h | a | g | f | e | d | c | H |

SCHON FERTIG?

Christina M. Stahl

5.1 Hallo Beethoven! – einen Komponisten digital entdecken

http://www.beethoven-haus-bonn.de/hallo-beethoven/

Kompetenzen
Indem die Schüler fragengeleitet auf der Internetseite http://www.beethoven-haus-bonn.de/hallo-beethoven/ recherchieren, setzen sie sich zum einen mit der Biografie Ludwig van Beethovens auseinander, zum anderen üben sie sich in einer zielgerichteten Internetrecherche.

Voraussetzungen
- Die Schüler können sich auf das Hören von Musik konzentrieren.
- Die Schüler verfügen über grundlegende Kenntnisse im Umgang mit dem Computer.

Material und Vorbereitungstipps
- AB als Kopien
- Computer mit Internetzugang
- Kopfhörer

Motivation
Die Schüler lesen zur Einführung den kurzen Informationstext auf dem AB. Hier erhalten sie Hintergrundinformationen zur Internetseite http://www.beethoven-haus-bonn.de/hallo-beethoven/ und eine theoretische Anleitung für die Nutzung.

Erarbeitung
Die Schüler bearbeiten die Aufgaben auf dem AB in Partnerarbeit. Dabei leiten die ersten vier Fragen die Schüler durch das Menü. Auf diese Weise soll „unkontrolliertes Klicken" verhindert werden.
Haben die Schüler die Seite erkundet, sollen sie selbstständig recherchieren.

Sicherung
Die Ergebnisse werden im Unterrichtsgespräch besprochen.

Differenzierung
Die Schüler erstellen Fragen, die anhand der Internetseite beantwortet werden können.

Lösung
1.a) Er trank Kaffee.
1.b) Er liebte Kaffee über alles.
2.a) Krankheiten & Therapien, Taubheit
2.b) 1801
3.a) Orchester, Kammermusik, Klavier mit Gesang
3.b) Sinfonie
3.c) im obersten Regalfach
3.d) C-Dur
4.a) prägnanter Rhythmus und Motiv große Terz
4.b) englische Nationalhymne
4.c) träumerischer, fließender Rhythmus
5. sechs Geschwister, von denen nur zwei Brüder das Erwachsenenalter erreichten
6. Er war nie verheiratet, aber oft unglücklich verliebt.
7. 40 Jahre (Dezember 1746 bis Juli 1787)
8. Karl van Beethoven
9. Johann van Beethoven
10. liebevoll, eigensinnig, gutmütig, unordentlich, dankbar, jähzornig, hilfsbereit, misstrauisch, ungeschickt, humorvoll, stolz, aufbrausend
11. Akademien
12. Bonn
13. in einer Wohnung im Theater in Wien
14. 1792
15. von Freunden und Verlegern, von seinem Bruder Johann
16. ca. 300 Währungen
17. Klavierlehrer, Komponist, Musiker in einem Orchester in Bonn
18. überall, auch in der freien Natur oder in der Stille der Nacht
19. im Grünen, zu Hause, im Gasthaus
20. Klavier, Orgel, Geige und Bratsche

AB (1)

Hallo Beethoven! – ein unangenehmer Mensch?

Die Internetseite http://www.beethoven-haus-bonn.de/hallo-beethoven/ zeigt ein fiktives (= ausgedachtes, nachgestelltes) Zimmer von Ludwig van Beethoven.

5 Wählt zunächst die Sprache, in der ihr die Seite bearbeiten wollt. Wenn ihr die Maus über das Bild bewegt, könnt ihr die Gegenstände, die sich in diesem Zimmer befinden, näher anschauen. Klickt ihr einen Gegenstand mit der linken Maustaste an,
10 so öffnet sich eines von zehn Kapiteln, in denen ihr mehr über das Leben von Ludwig van Beethoven und seine Musik erfahrt. Um zurück in das Zimmer zu kommen, klickt ihr den Schreibtisch unten rechts auf dem Bildschirm an.
15 Seht euch zunächst in dem Zimmer um, bevor ihr mit den Aufgaben beginnt.

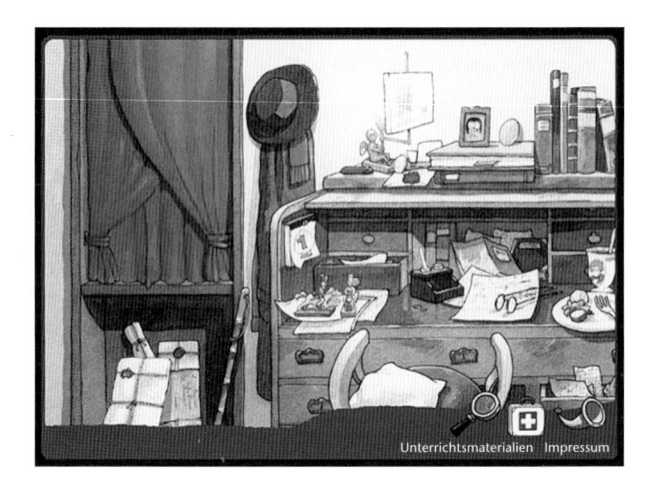

AUFGABEN

Beantwortet mithilfe der Internetseite die folgenden Fragen. Schreibt die Antworten in euer Musikheft.

1. Klickt zunächst die Kaffeetasse an, die auf dem Schreibtisch steht. Klickt dann die Gabel an.
   a) Was machte Beethoven stets um 15 Uhr?
   b) Warum machte er dies?

2. Klickt das altmodische Hörgerät sowie die umfallende Tablettendose – beides auf dem Flügel – an. Es öffnet sich das Kapitel „Beethovens Gesundheit".
   a) Welche Unterthemen gibt es?
   b) Wann nahm Beethoven die ersten Anzeichen einer Schwerhörigkeit wahr?

3. Klickt die Notenblätter an, die auf dem Flügel stehen.
   a) In welche Kategorien wird Beethovens Werk unterteilt?
   b) Zu welcher Kategorie gehört das op. 55 (Es-Dur)?
   c) In welchem Regalfach findet man die Sinfonie Nr. 1, op. 21?
   d) In welcher Tonart steht die Sinfonie Nr. 1?

4. Sucht in dem Notenregal nach
   a) der Sinfonie Nr. 5. Hört euch den Anfang der Sinfonie an. Erklärt, warum dieser Beginn so berühmt werden konnte.
   b) dem englischen Volkslied für Singstimme, Chor, Violine, Violoncello und Klavier WoO 157 Nr. 1. Hört euch das Stück an. Woher kennt ihr diese Melodie?
   c) der Sonate für Klavier (cis-Moll) op. 27 Nr. 2 (Sonata quasi una fantasia). Diese Sonate wird auch „Mondscheinsonate" genannt. Hört euch die Sonate an und erklärt, warum sie so genannt wird.

AB (2)

Sucht nun selbst nach den „richtigen" Unterkapiteln und beantwortet die folgenden Fragen. Schreibt die Antworten in euer Musikheft.

5. Wie viele Geschwister hatte Ludwig van Beethoven?
6. Wie oft war Ludwig van Beethoven verheiratet?
7. Wie alt wurde Beethovens Mutter Maria Magdalene Keverich?
8. Wie hieß Beethovens Neffe?
9. Wie hieß Beethovens Vater?
10. Nenne wichtige Charakterzüge Beethovens.
11. Wie hießen die Konzerte, die Beethoven veranstaltete?
12. In welcher Stadt wurde Beethoven geboren?
13. Wo wohnte Ludwig van Beethoven von Januar 1803 bis Mai 1804?
14. Seit wann lebte Beethoven in Wien?
15. Von wem hat sich Beethoven in schwierigen Zeiten Geld geliehen?
16. Wie viele Währungen gab es zu Beethovens Zeit in Deutschland?
17. Welche Berufe übte Beethoven aus?
18. Wo fand Beethoven seine Ideen?
19. Wo komponierte Beethoven?
20. Welche Instrumente spielte Beethoven?

Schon fertig?

Überlege dir weitere Fragen zu Leben und Werk Ludwig van Beethovens, die sich mithilfe der Internetseite beantworten lassen. Notiere auch die Antworten.

5.2 Ein Lied für unsere Klasse – der Umgang mit einem freien Notensatzprogramm

www.musescore.org

Kompetenzen
Indem die Schüler ein Lied unter einer leitenden Idee entwerfen, setzen sie sich sowohl mit musikalischen Ordnungssystemen als auch mit einem digitalen Notenprogramm auseinander.

Hinweis
Der Einsatz eines Notenprogramms (www.musescore.org) bietet – trotz der Hürde, einen Computerraum buchen und sich ggf. mit technischen Problemen auseinandersetzen zu müssen – Vorteile gegenüber einer traditionellen, analogen Notation:
Für die Schüler, für die Noten nur aus „Punkten und Strichen" bestehen und der Umgang mit Noten somit sehr abstrakt ist, ergibt sich dadurch, dass sie mit nur einem Klick das persönlich Komponierte anhören können, ein unmittelbarer Zugang. Darüber hinaus ist das Programm „gnadenlos": Ist ein Takt voll, können keine weiteren Noten eingegeben werden. Fehlerquellen in Bezug auf den Ambitus oder überambitionierte Rhythmik bleiben allerdings bestehen.

Voraussetzungen
- Die Schüler können sich sicher im Bereich von c' bis c'' bewegen.
- Die Schüler können Notenwerte anwenden.
- Die Schüler verfügen über grundlegende Kenntnisse im Umgang mit dem Computer.
- Die Schüler können Worte in Silben trennen.

Material und Vorbereitungstipps
- AB als Kopien
- Computer mit Internetzugang
- Kopfhörer

Motivation
Lehrer: „Es ist an der Zeit, dass wir für den nächsten Ausflug (bzw. die nächste Klassenfeier, das nächste Schulkonzert usw.) ein eigenes Klassenlied komponieren. Woraus besteht eigentlich ein Lied, so wir ihr es kennt?"
Die Schüler nennen einzelne Merkmale wie Noten, Takte, Taktstriche, Pausen, Liedtext usw. Die Antworten werden auf der linken Tafelseite notiert.
Lehrer: „Worauf muss man beim Komponieren achten?"

Die Schüler nennen z. B. Rhythmus (Notenwerte), Ambitus (c' bis c''), Tonschritte (keine Tonsprünge), alles muss in einen Takt passen (Metrum), eine Silbe pro Note. Die Antworten werden auf der rechten Tafelseite notiert. Anschließend werden zueinander passende Merkmale der linken und der rechten Tafelseite mit Pfeilen verbunden.
Lehrer: „All dies sind Kriterien, die ihr bei eurer Komposition berücksichtigen solltet bzw. auf die hin ihr eure Komposition immer wieder überprüfen solltet."

Erarbeitung
Die Schüler lesen zunächst das AB. Anschließend erstellen sie in Partnerarbeit Klassenlieder, die ausgedruckt oder per E-Mail an die Mitschüler verschickt werden können.

Sicherung
Die einzelnen Paare präsentieren ihr Klassenlied (Abspielen vom Computer). Anschließend wird das beste Klassenlied gewählt, das dann gemeinsam gesungen wird.

Differenzierung
Je nach Vorkenntnissen der Schüler können die Vorgaben variiert werden:
- Differenzierung nach Notenwerten (einfach: nur halbe und ganze Noten; anspruchsvoll: Punktierungen, Synkopen)
- Differenzierung nach Ambitus (einfach: c' bis c'', anspruchsvoller: kleines a bis e'')
- Differenzierung nach Tonart (einfach: C-Dur, anspruchsvoller: B-Dur oder D-Dur)

Ein Lied für unsere Klasse

AUFGABE

Komponiert gemeinsam ein Lied für eure Klasse.

Kompositionsregeln:
1. Verwendet nur Achtel- und Viertelnoten sowie halbe Noten.
2. Verwendet überwiegend Tonschritte. Das Lied darf keine großen Tonsprünge haben.
3. Der erste Ton muss ein g', der letzte Ton muss ein c' sein.

So könnt ihr die Maske für euer Lied erstellen:
1. Klickt oben links auf das leere Blatt.
2. Füllt die Felder „Titel", „Untertitel", „Komponist", „Texter" und „Urheberrecht" aus. Die Felder können jedoch auch frei bleiben.
3. Klickt unten links „neue Partitur ohne Vorlage erstellen" an. Klickt dann auf „weiter".
4. Wählt aus der Instrumentenliste unter „Vocals" „Voice" Instrumente aus. Klickt hierzu auf das leere Dreieck und fügt „Voice" hinzu.
5. Klickt „weiter".
6. Wählt die Tonart aus (für C-Dur die fünf Notenlinien ohne Versetzungszeichen).
7. Klickt „weiter".
8. Wählt die Taktart „4/4" aus.
9. Setzt ein Häkchen an „Auftakt" und wählt „1/4" aus.
10. Gebt bei „Takte" „12" ein und klickt anschließend auf „abschließen".

Nun könnt ihr mit der Maus oben auf „N" klicken und die Notenwerte auswählen. Die Tonhöhe bestimmt ihr, indem ihr die Maus über die Notenlinien führt.
Bereitet es euch Schwierigkeiten, die richtige Notenlinie zu treffen, könnt ihr in der Menüleiste die Ansicht von 100 % auf 200 % oder 400 % vergrößern.

Texteingabe
Klickt die erste Note an. Wird der Notenkopf blau, ist die Note markiert. Drückt nun auf der Tastatur die Tastenkombination „Strg" und „L" gleichzeitig. Es erscheint eine Maske, in die ihr euren Text eingeben könnt. Drückt ihr die Leertaste, so springt die Maske automatisch zur nächsten Note. Bedenkt, dass ihr für jeden Ton nur eine Silbe verwenden könnt.

5.3 Instrumentenkunde – ein Orchester digital erforschen

www.klangkiste.wdr.de

Kompetenzen
Indem die Schüler ein Orchester digital erforschen, setzen sie sich zum einen mit dem Bau, dem Klang und der Verwendung von Musikinstrumenten auseinander, zum anderen üben sie auf einer Internetseite zu navigieren, um gezielt Informationen zu finden, die sie weiterverarbeiten können.

Voraussetzungen
- Die Schüler können sich auf das Hören von Musik konzentrieren.
- Die Schüler können den Violinschlüssel umsetzen.
- Die Schüler verfügen über grundlegende Kenntnisse im Umgang mit dem Computer.

Hinweis
Die Internetseite www.klangkiste.wdr.de bietet verschiedene Möglichkeiten, sich über den Klangkörper des WDR zu informieren. Auf den ersten Blick wirkt diese Seite etwas unübersichtlich, sodass der Lehrer sie zuvor genauer ausprobieren sollte, um sich ausreichend auszukennen.
Hinter den einzelnen Karten verbergen sich diverse Spiele, die nur durch genaues Lesen, nicht aber durch unkontrolliertes Klicken gefunden werden können. Es müssen einige Informationen verarbeitet werden, um eine Antwort zu erhalten.

Material und Vorbereitungstipps
- AB als Kopien
- Computer mit Internetzugang
- Kopfhörer

Motivation
Die Schüler lesen zunächst das AB.

Erarbeitung
Die Schüler bearbeiten das AB in Partnerarbeit.

Sicherung
Die Ergebnisse aus der Partnerarbeit werden im Unterrichtsgespräch besprochen.

Differenzierung
- Weiterführende Aufgabe (Schon fertig?)
- Die Schüler erstellen eigene Fragen, die mithilfe der Internetseite beantwortet werden können.

Lösung
1. Name des Sinfonieorchesters: griechischer Ursprung / Zusammenklang
2. ca. 5000 Jahre
3. a) akustische Gitarre, b) E-Gitarre, c) E-Gitarre
4. durch Stimmen des Fells und Wahl der Schlägel
5. Der Falschspieler im Blechbläserquartett wechselt.
6. Piccoloflöte, Querflöte, Oboe, Klarinette, Saxofon, Fagott
7. Gemeinsamkeiten der Streichinstrumente: Bauart und Materialien (Korpus, Saiten, Bogen)
   Unterschiede: Größe, Stärke und Länge der Saiten
8. 80 Töne
9. a) Cembalo: metallisch, b) Hammerklavier: dumpf, c) moderner Konzertflügel: brillant

Schon fertig?: „Morgen kommt der Weihnachtsmann" auf dem Cembalo gespielt

Ein Orchester digital erforschen

Aufgaben

Geht auf die Seite www.klangkiste.wdr.de und wählt die flash-Version aus. Bearbeitet mithilfe der Internetseite die folgenden Aufgaben.

1. Klickt auf die Karte des WDR Sinfonieorchesters. Erklärt, woher das Sinfonieorchester seinen Namen hat.

___

Navigiert nun selbstständig auf der Internetseite und beantwortet die folgenden Fragen:

2. Wie alt ist die Gitarre? ___

3. Welche drei Gitarren werden bei den Klangbeispielen gespielt?

   a) ___ b) ___ c) ___

4. Wie kann man auf einer Pauke verschiedene Töne erzeugen?

___

5. Welcher Blechbläser spielt bei dem verrückten Quartett falsch?

___

6. Listet die Instrumente auf, die zu der Gruppe der Holzbläser gehören.

___

7. Nennt Gemeinsamkeiten und Unterschiede der Instrumente aus der Gruppe Streichinstrumente.

___

8. Wie viele Töne können auf einer Harfe gespielt werden?

___

9. Hört euch die Klangbeispiele im Spiel „Klavier gewinnt" an. Beschreibt die unterschiedlichen Klänge.

   a) Cembalo (1750) ___

   b) Hammerklavier (1800) ___

   c) moderner Konzertflügel (2000) ___

Schon fertig?

Spielt das Lied „Ah! vous dirai-je, Maman" aus dem Jahre 1761 auf dem Tasteninstrument, auf dem es zunächst gespielt wurde.

Volkslied

1. Welches Instrument habt ihr gewählt? ___
2. Auch heute ist dieses Lied noch bekannt, allerdings unter einem anderen Titel. Wie heißt das Lied heute?

___

Bild- und Textquellenverzeichnis

Bild: Edvard Grieg
https://commons.wikimedia.org/wiki/File%3AEdvard_Grieg_by_Perscheid_1905.jpg, Nicola Perscheid [Public domain], via Wikimedia Commons

Bild: Henri Mauperché: „Landscape with Jephthah and his Daughter"
https://commons.wikimedia.org/wiki/File%3AHenri_Mauperch%C3%A9_-_Landscape_with_Jephthah_and_his_Daughter_-_WGA14699.jpg, Henri Mauperché [Public domain], via Wikimedia Commons
© Birmingham Museum and Art Gallery

Grafik: Töne des Hochchinesischen
https://commons.wikimedia.org/wiki/File%3A4_Toene_des_Hochchinesischen.svg, by User: Chrislb [GFDL (http://www.gnu.org/copyleft/fdl.html) or CC-BY-SA-3.0 (http://creativecommons.org/licenses/by-sa/3.0/)], via Wikimedia Commons

Symbol: Yin Yang
https://commons.wikimedia.org/wiki/File%3AYing_yang_sign.jpg, by DonkeyHotey [CC BY 2.0 (http://creativecommons.org/licenses/by/2.0)], via Wikimedia Commons

Bilder: Qin
https://commons.wikimedia.org/wiki/File%3AGugin_-front%26back.jpg, by Lian_Zhu_Shi.jpg: Bero Lian_Zhu_Shi_back.jpg: Charlie Huang derivative work: Roblespepe (Lian_Zhu_Shi.jpg Lian_Zhu_Shi_back.jpg) [GFDL (http://www.gnu.org/copyleft/fdl.html) or CC-BY-SA-3.0 (http://creativecommons.org/licenses/by-sa/3.0/)], via Wikimedia Commons

Bild: Pekingoper
https://commons.wikimedia.org/wiki/File%3APeking_opera_4.JPG, by Hans Bernhard (Schnobby) (Own work) [CC BY-SA 3.0 (http://creativecommons.org/licenses/by-sa/3.0) or GFDL (http://www.gnu.org/copyleft/fdl.html)], via Wikimedia Commons

Noten: Hao yi duo
https://en.wikipedia.org/wiki/File:Jasmine_barrow.svg, Asoer [Public domain], via Wikimedia Commons

Bild: Tanz
https://commons.wikimedia.org/wiki/File%3AGrandma_Li_in_Beijing_opera.JPG, by Shizhao (Own work) [CC BY 3.0 (http://creativecommons.org/licenses/by/3.0)], via Wikimedia Commons

screenshot von http://www.beethoven-haus-bonn.de/hallo-beethoven/

screenshot von www.musescore.org

Quellenverzeichnis Audio-CD

Track 1: „March of the Trolls" (1. Trollbewegung), Edvard Grieg, auf: Leif Ove Andsnes: Grieg, Lyric Pieces, (P) 2002 EMI Records

Track 2: „March of the Trolls" (2. Trollbewegung), Edvard Grieg, auf: Leif Ove Andsnes: Grieg, Lyric Pieces, (P) 2002 EMI Records

Track 3: „March of the Trolls" (3. Trollbewegung), Edvard Grieg, auf: Leif Ove Andsnes: Grieg, Lyric Pieces, (P) 2002 EMI Records

Track 4: „March of the Trolls", Edvard Grieg, auf: Leif Ove Andsnes: Grieg, Lyric Pieces, (P) 2002 EMI Records

Track 5: „March of the Trolls" (4. Trollbewegung), Edvard Grieg, auf: Leif Ove Andsnes: Grieg, Lyric Pieces, (P) 2002 EMI Records

Track 6: „March of the Trolls" (5. Trollbewegung), Edvard Grieg, auf: Leif Ove Andsnes: Grieg, Lyric Pieces, (P) 2002 EMI Records

Track 7: „March of the Trolls", Edvard Grieg, auf: Leif Ove Andsnes: Grieg, Lyric Pieces, (P) 2002 EMI Records

Track 8: „Prélude" (Te Deum), Marc-Antoine Charpentier, auf: Les Arts Florissants / William Christie: Charpentier Te Deum, (P) 1989 Harmonia mundi

Track 9: „La Poule" (1. Partiturausschnitt), Jean-Philippe Rameau, auf: Marcelle Meyer: Les Introuvables de Marcelle Meyer Vol. 2, (P) 1995 EMI (Warner Music)

Track 10: „La Poule", Jean-Philippe Rameau, auf: Marcelle Meyer: Les Introuvables de Marcelle Meyer Vol. 2, (P) 1995 EMI (Warner Music)

Track 11: „La Poule" (2. Partiturausschnitt), Jean-Philippe Rameau, auf: Marcelle Meyer: Les Introuvables de Marcelle Meyer Vol. 2, (P) 1995 EMI (Warner Music)

Track 12: „La Poule", Jean-Philippe Rameau, auf: Marcelle Meyer: Les Introuvables de Marcelle Meyer Vol. 2, (P) 1995 EMI (Warner Music)

Track 13: „Herbstwind", *unknown*, auf: Xiaoyong Cenn: Orchidee Traditional Chinese Zheng and Qin Music, (P) 1992 Wergo

Track 14: Volkslied „Hao yì duo meì" (Beispiel), eingespielt von Johannes Pieper

Track 15: Volkslied „Hao yì duo meì" (Playback), eingespielt von Johannes Pieper

Track 16: „Tempête", Marin Marais, auf: Le Concert des Nations / Jordi Savall: Alcione, (P) 1994 Astrée

Track 17: „March", Georg Friedrich Händel, auf: The King's Consort / Robert King: The Coronation of King George II, (P) 2001 Hyperion

Track 18: Klangbeispiel Violine, eingespielt von Johannes Pieper

Track 19: Klangbeispiel Kontrabass, eingespielt von Johannes Pieper

Trackliste Audio-CD

Track	Titel	Dauer
1	Edvard Grieg: March of the Trolls, 1. Trollbewegung	00:09 min
2	Edvard Grieg: March of the Trolls, 2. Trollbewegung	00:09 min
3	Edvard Grieg: March of the Trolls, 3. Trollbewegung	00:04 min
4	Edvard Grieg: March of the Trolls	00:30 min
5	Edvard Grieg: March of the Trolls, 4. Trollbewegung	00:22 min
6	Edvard Grieg: March of the Trolls, 5. Trollbewegung	00:11 min
7	Edvard Grieg: March of the Trolls	01:30 min
8	Marc-Antoine Charpentier: Prélude, Te Deum	01:53 min
9	Jean-Philippe Rameau: La Poule, 1. Partiturausschnitt	00:11 min
10	Jean-Philippe Rameau: La Poule	01:06 min
11	Jean-Philippe Rameau: La Poule, 2. Pariturausschnitt	00:05 min
12	Jean-Philippe Rameau: La Poule	01:44 min
13	Qin-Musik, Herbstwind	02:03 min
14	Volkslied, Hao yì duo meì (Beispiel)	01:25 min
15	Volkslied, Hao yì duo meì (Playback)	01:37 min
16	Marin Marais: Tempête	01:34 min
17	Georg Friedrich Händel: March	01:45 min
18	Klangbeispiel Violine	00:21 min
19	Klangbeispiel Kontrabass	00:18 min

Jederzeit optimal vorbereitet in den Unterricht?

»Lehrerbüro!

Hier finden Sie alle Unterrichtsmaterialien

der Verlage Auer, AOL-Verlag und PERSEN

immer und überall online verfügbar.

lehrerbuero.de
Jetzt kostenlos testen!

» lehrerbüro

Das **Online-Portal** für Unterricht und Schulalltag!